BIRGIT JANKOVIC-STEINER
MIT LISA BITZER

Die Hexen schule

Magie, Mystik und
altes Wissen für moderne Hexen

KNAUR
BALANCE

Besuchen Sie uns im Internet:
www.knaur-balance.de

Aus Verantwortung für die Umwelt hat sich die Verlagsgruppe
Droemer Knaur zu einer nachhaltigen Buchproduktion verpflichtet.
Der bewusste Umgang mit unseren Ressourcen, der Schutz unseres Klimas und
der Natur gehören zu unseren obersten Unternehmenszielen.
Gemeinsam mit unseren Partnern und Lieferanten setzen wir uns
für eine klimaneutrale Buchproduktion ein, die den Erwerb von Klimazertifikaten
zur Kompensation des CO_2-Ausstoßes einschließt.
Weitere Informationen finden Sie unter: www.klimaneutralerverlag.de

Originalausgabe August 2020
© 2020 Knaur Verlag
Ein Imprint der Verlagsgruppe Droemer Knaur GmbH & Co. KG, München
Alle Rechte vorbehalten. Das Werk darf – auch teilweise – nur mit
Genehmigung des Verlags wiedergegeben werden.
Redaktion: Michaela Zelfel
Covergestaltung: atelier-sanna.com, München
Coverabbildung: © atelier-sanna.com unter Verwendung eines Motivs von Nik Merkulov,
shutterstock.com
Alle Abbildung im Innenteil: Shutterstock.com; außer S. 32, 47, 50, 139,
181, 202, 210 atelier-sanna.com, München
Satzgestaltung: atelier-sanna.com, München
Druck und Bindung: Firmengruppe APPL, aprinta druck GmbH, Wemding
ISBN 978-3-426-67596-0

6 5 4 3 2

INHALT

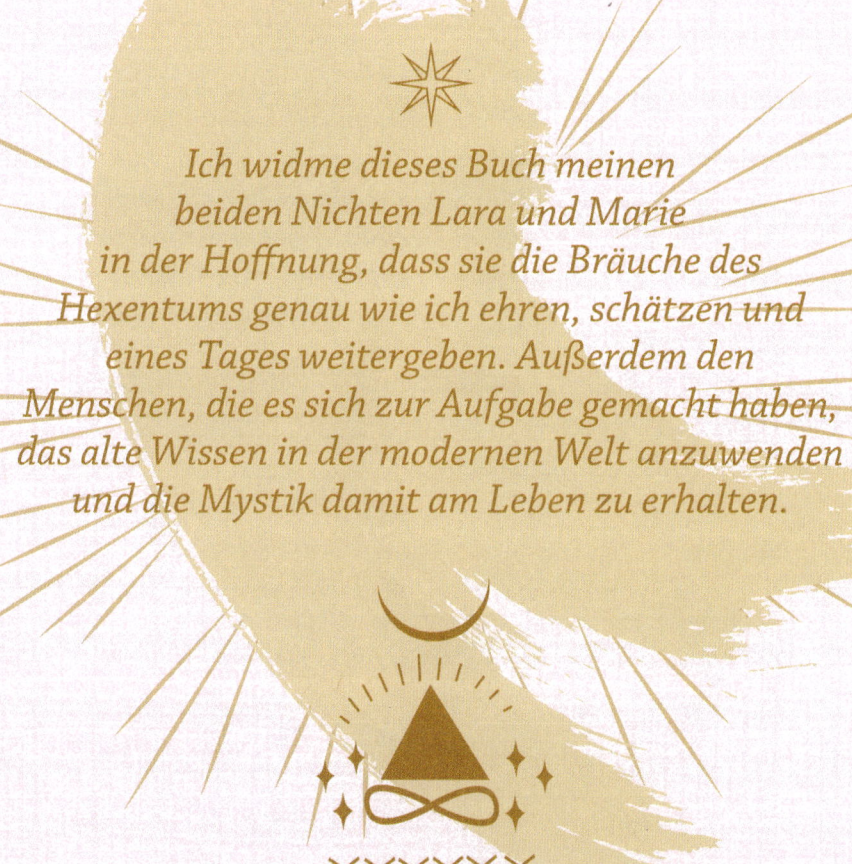

Ich widme dieses Buch meinen
beiden Nichten Lara und Marie
in der Hoffnung, dass sie die Bräuche des
Hexentums genau wie ich ehren, schätzen und
eines Tages weitergeben. Außerdem den
Menschen, die es sich zur Aufgabe gemacht haben,
das alte Wissen in der modernen Welt anzuwenden
und die Mystik damit am Leben zu erhalten.

VORWORT

Wenn ich Menschen erzähle, was ich beruflich mache, ist die Reaktion immer dieselbe. Kaum einer hält für möglich, dass ich eine weiße Hexe bin und als solche eine Hexenschule in Wien betreibe, in der ich interessierte Frauen zur Magieberaterin ausbilde. Ich passe schon rein optisch gar nicht ins Bild einer »normalen« Hexe, denn ich habe weder eine Knollennase noch sitzt ein Rabe auf meiner Schulter. Außerdem bin ich viel jünger, als die meisten von einer Frau, die Birgit heißt und seit ihrer Kindheit mit Naturkünsten und magischen Ritualen in Berührung ist, erwarten.

Alles, was ich weiß, habe ich von meiner Großmutter und ihrem Hexenzirkel erfahren. Ich habe darüber hinaus das *Buch der Schatten* einer anderen, sehr weisen heilkundigen Frau geerbt. Dabei handelt es sich um eine Art Arbeitsbuch, in dem sie ihre eigenen Rezepte, Beschreibungen von Kräutern, Zaubersprüche und Rituale sammelte. Ein *Buch der Schatten* ist wie ein Tagebuch oder Journal, in dem eine Hexe ihr gesammeltes Wissen festhält – auch ihre Erfahrungen oder Erlebnisse, die sie während der Ausübung ihrer Hexerei gemacht hat. Ich habe auch ein eigenes *Buch der Schatten* und wurde schon oft gefragt, für wie viel Geld ich es verkaufen würde. Meine Antwort ist stets dieselbe: »Mein *Buch der Schatten* ist unverkäuflich.« Man kann diese Bollwerke des Wissens und der Erfahrung erben, aber kaufen kann man sie nicht.

Allerdings verspüre ich seit geraumer Zeit den Wunsch, meine Kenntnisse zu teilen. In der Hexenschule arbeite ich mit meinen Schülerinnen und den Dozentinnen eng zusammen und führe jeden, der es möchte, in die Kunst der weißen Magie ein. Mit dem Buch, das du in den Händen hältst, habe ich die Möglichkeit, noch mehr Menschen zu erreichen, die wissen wollen, welche zauberhaften Kräfte und magischen Energien in jedem von uns wohnen, wie wir uns die Natur zunutze machen können, wie wir die Omen der Zukunft deuten dürfen und welche Bedeutung die Jahreskreisfeste in unserer Welt noch haben. Hexerei gehört nicht ins Mittelalter – sie ist höchst lebendig und lässt sich ganz einfach in den Alltag der modernen Frau integrieren. Für mich ist dabei besonders wichtig, dich mithilfe von weißer Magie zu stärken und dich zurück in deine ureigene, weibliche Kraft zu bringen. Mein Ziel ist es, dir zu zeigen, wie du die Energien der Natur in deinen Alltag integrierst, dich selbst annimmst und die weibliche Kraft entfesselst, die in dir schlummert.

Wenn du dich also von Magie angezogen fühlst und dich all das fasziniert, was wir nicht mit den Augen wahrnehmen, bist du hier genau richtig! Nicht alles, was uns widerfährt, können wir mit dem Verstand erklären. Die Magie setzt genau hier an: Sie reicht in beide Welten, die irdische, tatsächliche, aber auch die spirituelle, nicht greifbare. Manche Rezepte unserer Natur- und Kräuterlehre sind ganz einfach und nachvollziehbar, andere Rituale und Praktiken setzen eine gewisse Offenheit für metaphysische Prozesse voraus. Woran auch immer du glaubst: Dieses Buch möchte dir ein hilfreicher Begleiter auf deinem Weg zurück zu dir selbst sein. Denn die weiße Magie verfolgt nur ein Ziel: den einzelnen Menschen zu stärken und ihm niemals zu schaden. Dieser Mensch solltest an erster Stelle du selbst sein.

Aber was ist weiße Magie eigentlich? Man unterscheidet ganz allgemein zwischen weißer und schwarzer Magie beziehungsweise Hexerei. Eine weiße Hexe besitzt Kräfte, die sie durch die Natur erweckt und mit den Geistern des Himmels und der Erde bekräftigt. Ich verstehe sie als Zaunreiterin; sie weiß, dass es die Anderswelt gibt, und kann gute Gaben von dort in die irdische Welt holen. Eine weiße Hexe versteht, welches Ritual und welches Kräuterwerk sie verwenden muss, um sich selbst und andere zu reinigen. Sie verbindet sich mit der positiven Magie und nimmt den Kampf gegen schwarze Mächte auf.

Theoretisch kann jeder magische Grundkenntnisse, die er sich angeeignet hat, zu falschen Zwecken einsetzen. Zum Beispiel indem er versucht, mithilfe seiner Kräfte böse oder egoistische Ziele zu verfolgen. Schwarze Magie will schaden, weiße Magie möchte fördern. Du solltest schwarze Magie niemals anwenden, denn alles, was du schwarzmagisch hervorrufst, fällt dreifach auf dich zurück.

Natürlich ist es manchmal so, dass man enttäuscht oder wütend auf eine Person ist. Vielleicht wurdest auch du schon betrogen oder hast etwas verloren, was dir sehr wichtig war. Das könnten Auslöser sein, durch die du mit dem Gedanken spielst, schwarze Magie anzuwenden, du möchtest einem oder einer anderen schaden. Doch das wird dein Leid nicht lindern, ganz im Gegenteil: Es wird auf dich zurückfallen, und du wirst dich schlechter fühlen als je zuvor.

Wenn du also als Hexe wirken möchtest, ist es wirklich wichtig, immer wieder deine Motive zu überprüfen. Was willst du, was will ein anderer? Schadest du ihm oder ihr mit deinen Wünschen? Gehst du den Weg des Mangels oder der Fülle?

In diesem Buch wirst du lernen:
- die Tarotkarten anzuwenden,
- die Kaffeesatz- & Runenlehre zu verstehen,
- aus der Hand zu lesen,
- Tinkturen und Öle herzustellen,
- Räume energetisch durch Räucherungen zu säubern,
- geheime Hexenrituale zu vollziehen,
- Jahreskreisfeste durchzuführen und
- die Kraft des Mondes und deines Zyklus ideal zu nutzen.

Alles Wissen, das du in diesem Buch findest, habe ich von meiner Großmutter und anderen Mentorinnen vermittelt bekommen. Das magische Wissen ist seit Anbeginn der Zeit eines, das von Frau zu Frau übermittelt wird. Früher gab es viele starke Frauen: griechische und römische Göttinnen, mythologische Halbwesen, keltische Priesterinnen, ägyptische Herrscherinnen, Amazonen, Sibyllen, Stammesfürstinnen … Frauen, die mithilfe der Natur und den Kräften der Erde an ihre ureigensten Energien kamen.

In der griechischen Mythologie ist Gaia eine der ersten Gottheiten – sie stellt die Muttererde da. Ihr Name, der indogermanischen Ursprungs ist, bedeutet »Gebärerin«. Aus ihr geht alles hervor. Die Römer nannten diese Göttin Kybele oder auch die Große Göttermutter. In vielen Religionen und Kulturen kennt man diese Urmutter, die alles Leben hervorgebracht hat und als Fruchtbarkeitsgöttin verehrt wird. Sie steht in enger Verbindung zur Natur und dem Leben, welches sie erschafft, aber auch zerstören kann.

Vermutlich ist das der Grund, warum die Kirche sich irgendwann nicht anders zu helfen wusste, als alle Frauen, die über eine wie auch immer geartete Macht oder besondere Kenntnisse verfügten, als Hexen abzustempeln, zu verfolgen, zu foltern und auf bestialische Art hinzurichten. Über Jahrhunderte verfolgte die Kirche im Zuge der Hexenverfolgung etwa drei Millionen Menschen und ließ zwischen 40 000 und 60 000 von ihnen hinrichten.

Mit den Verurteilten, meistens waren es Frauen, starb auch ihr Wissen. Und so kommt es, dass unser Geschlecht heute vergessen hat, wie wir uns mit der Natur verbinden und in unsere natürliche Kraft kommen können. Auch wenn wir uns heute »Feminismus« und »Frauenpower« auf Statement-Shirts und Fahnen schreiben, fehlen uns doch oftmals die tiefen, ganzheitlichen Einblicke in das archaisch Weibliche. Wir nehmen männliche Verhaltensmuster und Tugenden an und versuchen, die härteren Kerle und tougheren Typen zu sein. Wir haben verlernt, aus unserer Weichheit und Weiblichkeit unsere Kraft zu schöpfen und die Welt mit Empathie, Intuition und der Verbundenheit mit dem Leben zu einem besseren Ort zu machen. Dieses Buch mag nicht die Antwort auf alle Fragen sein, die dir auf der Seele brennen. Aber ich hoffe, dass es mir mit der *Hexenschule* gelingt, modernen Frauen wie dir das uralte Wissen meiner Mentorinnen zu vermitteln und dich auf deinem Weg zu dir ein kleines Stück zu begleiten.

HEX, HEX!

»Wie wird man eigentlich eine Hexe?«

Glaub mir, diese Frage habe ich schon mehr als einmal beantwortet. Es ist ja auch nicht ganz selbstverständlich, dass man im Kreise von Natur- und Heilfrauen aufwächst. Meine Heimat, die Steiermark, bringt allerdings eine Menge magiekundiger Menschen hervor, und dieses Wissen wird von Generation zu Generation weitergegeben.

Ehrlich gesagt hatte ich in meiner Kindheit überhaupt keine Ahnung, mit was sich meine Großmutter und ihre Freundinnen da genau beschäftigten, wenn sie sich nachts auf dem Mondberg oder an einem anderen Ort trafen. Ich wuchs inmitten von weisen Kräuterfrauen auf, die mir die Magie der Natur offenbarten und mich an ihren Ritualen teilhaben ließen. Für mich war das etwas ganz Alltägliches, ja Normales. Ich wusste, dass man im Schein des Vollmondes den besten Zaubertrank mixte, wenn man von einer Krankheit geplagt wurde. Es war für mich nicht merkwürdig, einen Lichterkreis zu bilden, wenn ich mich vor anderen Kindern schützen wollte. Auch dass sich bei einigen Ritualen die Pupillen der Hexen weiteten und sie mit scheinbar schwarzen Augen um das Feuer tanzten, wunderte mich kein bisschen.

Ich kann mich noch gut an einen Abend in meiner Kindheit erinnern. Weil ich aus den Gesprächen meiner Großmutter mitbekommen hatte, dass heute ein großes Ritual bevorstand, bat ich meine Mutter, bei meiner Großmutter schlafen zu dürfen. Denn ich wusste, dass es mir von dort aus leichtfallen würde, heimlich in der Nacht das Haus zu verlassen und zum Mondberg zu gehen, wo meine Großmutter und ihre Freundinnen ihre Rituale praktizierten und Messen abhielten.

Bei meiner Großmutter hatte ich ein eigenes Zimmer auf dem Dachboden. Ich liebte diesen Rückzugsort, er hatte eine besondere Atmosphäre. Immer, wenn ich den Dachboden betrat, knarrte der Boden, und irgendwie bildete ich mir damals ein, dass das Knarren die Holzfeen waren, die mich begrüßten. So auch an diesem Abend. Ich kuschelte mich in meine Decke und wartete, bis meine Großmutter kam, um mit mir ein Einschlafritual zu vollziehen, bei dem sie mich mit meinen Ahnen verband. Sie erzählte mir von meinen verstorbenen Verwandten und von den Menschen, die mir ihre Gaben geschenkt hatten. Immer, wenn ich bei meiner Großmutter schlief, durfte ich mir aussuchen, von welchen Ahnen ich welche Gabe haben wollte. Wenn es gerade in der Schule haperte, zum Beispiel im Fach Mathematik, wünschte ich mir die Talente meines Urgroßvaters, denn er war gut mit Zahlen gewesen. Wollte ich besser mit meinen Geschwistern auskommen, wählte ich meine Urgroßtante, denn sie war Kindergärtnerin gewesen und konnte mit Kindern sehr gut umgehen. Auch an diesem Abend wünschte ich mir eine Gabe – anschließend schloss ich die Augen und gab vor, einzuschlafen. Meine Großmutter streichelte mir über das Gesicht und über die Haare. Sie wünschte mir eine gute Nacht. Dann verließ sie das Zimmer.

Ich hörte das Knarren der Stufen und wartete sicherheitshalber noch zehn Minuten, bis ich die Augen öffnete. Es war Zeit, auf den Mondberg zu stapfen, denn dort würde sich meine Großmutter mit ihren Freundinnen treffen. Ich würde mir hinter der alten, dicken Eiche, die ich besonders liebte, ein Versteck suchen und die Frauen beobachten.

Ich zog mich an, setzte meine dicke Wollmütze auf und blickte aus dem Fenster auf den großen Berg. Ganz hinten, hinter der Eiche, so meinte ich, konnte ich schon das Feuer sehen, denn Hexen arbeiten mit den vier Elementen, und das Feuer gehört natürlich dazu. Das hatte mir meine Großmutter eines Tages erklärt. Sie meinte, immer, wenn ich mir etwas wünschte, müssten alle vier Elemente vorhanden sein: Feuer, Erde, Wasser und Luft, denn das sind die Hexengeister, die uns helfen können, Wünsche umzusetzen, Krankheiten zu heilen und loszulassen, was wir nicht mehr brauchen.

Es war ein sehr steiler Weg den Mondberg hinauf, und als ich oben auf der Kuppe ankam, musste ich das Schnaufen unterdrücken. Hinter der Eiche versteckt, sah ich drei Frauen, die an einem Feuer saßen und tranken – darunter meine Großmutter. Sie begannen mit dem Ritual. Heute weiß ich, dass es das Samhain, das Hexen-Silvester, war, was sie feierten.

Da es nun schon weit nach Mitternacht war, fielen mir immer wieder vor Müdigkeit die Augen zu, aber ich wollte mit aller Kraft wach bleiben, um das Ritual mitzuerleben. Doch was ich dann sah, ließ mir das Blut in den Adern gefrieren. Die Frauen setzten sich ins schneebedeckte Gras vor dem Feuer. Eine hatte etwas in der Hand, und eine andere streckte ihr ihre Hand entgegen. Mit einem Messer schnitt die eine Hexe der anderen – ich konnte meinen Augen kaum trauen – den Finger ab! Es war grauenvoll, mit anzusehen, aber ich war mir absolut sicher, dass meine Wahrnehmung stimmte, ich sah sogar das Blut! Heute weiß ich: Die Frauen schnitten sich keine Finger ab, sondern ritzten sich die Handfläche auf und sammelten das dünne Blutrinnsal in einem Becher.

Für mich war es unvorstellbar, dass sie nicht weinten, das musste doch wehtun! Länger konnte ich mich aber nicht damit beschäftigen, denn die Frauen holten nun schwarze Kutten mit Kapuzen und zogen sie an. Außerdem hatte meine Großmutter plötzlich einige Schillinge in der Hand und ließ die Münzen leise klimpern. Bis heute höre ich manchmal bei Ritualen dieses Geräusch.

Die Hexen murmelten: »Böser Blick, böser Blick, weiche von uns!« Und ich dachte: Was ist ein böser Blick? Gibt es Menschen, die immer nur böse schauen?

Ich konnte mich an meine Nachbarin erinnern, die fast nie lachte. Vielleicht meinten sie sie?

Als Nächstes passierte etwas, was mich noch genauer aufpassen ließ. Ich konnte Klänge hören, obwohl ich keine Instrumente und auch keinen Kassettenrekorder entdecken konnte. Ich war verwirrt, aber neugierig. Und dann wurden meine Augen immer größer. Das Lagerfeuer war bestimmt drei Meter hoch und sah aus, als ob ein Naturwesen oder Waldgeist aus dem Feuer stieg. Er breitete seine Hände aus und umarmte die Frauen, die um das Feuer standen. Sie streckten ihre Hände in den Himmel, mit dem Becher, in dem das Blut war, und murmelten irgendetwas in einer anderen Sprache, die ich nicht verstand.

Auf einmal gab es einen Knall. Die Klänge verstummten, das Lagerfeuer ging aus, und die Frauen fielen auf den feuchten Boden. Nun bekam ich wirklich Angst, doch mein Instinkt sagte mir, dass die Frauen Hilfe brauchten. Ich nahm all meinen Mut zusammen, befreite mich aus meinem Versteck und rannte, so schnell ich konnte, zum Feuerplatz auf meine Großmutter zu. Sie lag am Boden und rührte sich nicht, also stürzte ich mich auf sie und schlang die Arme um ihren Körper.

»Großmutter, geht es dir gut?«

Mit einem Mal kam ein kalter Wind auf. Es war eine Kraft, größer und mächtiger als alles, was ich je gesehen und gehört hatte. Als ich in den Himmel blickte, sah ich keine Sterne mehr. Der Himmel war kohlrabenschwarz. Ich konnte es mir nicht erklären und fürchtete mich sehr.

Da schlug meine Großmutter die Augen auf und fragte mich schockiert: »Was machst du hier? Bist du wahnsinnig? Du sollst zu Hause im Bett liegen und schlafen!«

Ich murmelte eine Entschuldigung, und sie hüllte ihre Kutte um mich. Ich kann mich noch genau daran erinnern, dass ich in diesem Moment eine Mischung aus verbranntem Feuer, frisch gefallenem Schnee und Gras einatmete. Was danach passierte, kann ich heute nicht mehr sagen, auch nicht, wie wir nach Hause kamen und was später geschah. Ich wusste aber bereits in dieser Nacht, dass ich einem großen, magischen Ritual beigewohnt hatte.

DIE TAROTHEXE: BRIDGET BISHOP

Bridget Bishop wurde vermutlich 1632 in England geboren und kam als Einwanderin nach Massachusetts, Amerika. Sie war insgesamt dreimal verheiratet und hatte vier Kinder aus zwei der Ehen. In ihren Augen war die Tarot- und Kaffeesatz-Lehre keine Hexerei, sondern die Wissenschaft der Magie. Ihr Verhalten wurde in der puritanischen Gemeinschaft oft als unangenehm wahrgenommen, da sie im Kaffeesatz diverse Betrügereien und Unehrlichkeiten entdeckte und durch das Tarot nur wenig Respekt gegenüber Autoritäten hatte. Sie wusste, wer ein falsches Spiel spielte und wer sich unmoralisch verhielt, weil er trank oder sich dem Glücksspiel hingab.

Im Laufe ihres Lebens wurde sie immer wieder der Hexerei angeklagt. Man warf ihr zum Beispiel vor, ihren zweiten Ehemann durch Hexerei getötet zu haben, außerdem wurde sie beschuldigt, fünf junge Frauen verhext zu haben. Zwei Handwerker, die in ihrem Keller gearbeitet hatten, behaupteten weiter, sie hätten Stoffpuppen von sich mit Stiften darin (ähnlich einer Voodoo-Puppe) in den Wänden ihres Hauses gefunden. In den Salem Witch Trials von 1692, den sogenannten Hexenprozessen von Salem, wurde Bridget als erste Frau wegen Hexerei zum Tode verurteilt. Am 10. Juni desselben Jahres erhängte man Bridget öffentlich. Erst 1957, knapp dreihundert Jahre später, wurde Bridget Bishop von einem Gericht in Massachusetts post mortem von den Vorwürfen freigesprochen.

Magische Tarot- und Kaffeesatzlehre

Die Zukunft hat viele Namen:
Für Schwache ist sie das Unerreichbare,
für die Furchtsamen das Unbekannte,
für die Mutigen die Chance.

Victor Hugo

DAS KARTENSPIEL DER WUNDER

Tarot ist der Name für einen Kartensatz von 78 Spielkarten, die zum Wahrsagen verwendet werden. Ein Kartenset setzt sich aus 22 Trümpfen, den sogenannten großen Arkana (von lateinisch *arcanum*, Geheimnis), und 56 kleinen Arkana zusammen. Man unterscheidet vier verschiedene Zeichen, ähnlich wie bei einem gewöhnlichen Spielkartenset: Stäbe, Münzen, Kelche und Schwerter. Doch im Gegensatz zu Herz, Pik, Karo und Kreuz haben die Symbole wichtige Bedeutungen, die dir Aufschluss über die Botschaft der Karten geben.

Die Tarotkarten gehen angeblich auf das alte Ägypten zurück – jedoch ist bis heute ungeklärt, woher die Karten wirklich kommen. Man geht allerdings davon aus, dass sie zu Beginn lediglich dem Zeitvertreib und nicht zu Zwecken der Divination (Wahrsagerei) dienten. Das geschah erst ab Ende des 18. Jahrhunderts, als das Okkultistische in Europa verehrt und die Esoterik wie eine Wissenschaft behandelt wurde. Auch wenn der Einfluss der Karten im Laufe der Zeit wieder abnahm, blieben sie doch erhalten.

Das heute am weitesten verbreitete Kartenset stammt von Arthur Edward Waite und Pamela Colman Smith und entstand im Jahr 1910. Es ist als das Rider-Waite-Tarot bekannt. Anders als seine Vorgänger zeigt es auf den Zahlenkarten nicht nur die Anzahl der Symbole, sondern illustriert die Karten szenisch. Damit fällt es auch Laien leicht, die Karten zu benutzen, denn betrachtet man die Illustrationen genau, erkennt man auch ohne Hintergrundwissen die Bedeutung.

DIE ZAUBERKRAFT DES TAROTS

Doch warum solltest du überhaupt Tarotkarten legen? Ich bin der Meinung, dass es mehr zwischen Himmel und Erde gibt, als wir begreifen. Manche Menschen glauben an die physikalischen Gesetze, andere an die Existenz eines Gottes, und wieder andere sind sich ganz sicher, dass ihnen Fortuna wohlgesinnt ist, wenn es ihnen gelingt, bei jedem der zwölf Uhrschläge in der Nacht von Silvester auf den 1. Januar eine Weintraube zu essen. Zwölf Trauben in zwölf Sekunden. Du findest, das klingt komisch? Tja, die Spanier halten das für die normalste Sache der Welt. Manche Russen sind der festen Überzeugung, dass es Unglück bringt, wenn sie mit einem leeren Eimer über die Straße laufen. Und in Island baut das Straßenbauamt neue Verkehrsprojekte sogar um »Elfenfelsen« herum. Die Menschheit glaubt an die verrücktesten Dinge – wieso nicht also auch daran, dass Karten helfen, sich im eigenen Leben etwas besser zurechtzufinden?

Divination, also Wahrsagen, verweist nicht darauf, was vorherbestimmt und unabänderlich ist. Vielmehr zeigen Karten, Kaffeesatz, Runen, Stöcke, oder was auch immer du befragen willst, auf, was passieren wird, wenn du genauso weitermachst wie bisher – und welche Optionen du hast, dein Schicksal selbst zu bestimmen. Wäre alles bereits entschieden, müssten wir schließlich nicht nachfragen. Wir könnten uns entspannt zurücklehnen und das Leben einfach mal machen lassen. Du hast jedoch die Wahl. Du allein entscheidest, wie du dich in bestimmten Situationen verhältst und sie so zum Positiven oder vielleicht auch Negativen wendest.

Die Karten geben dir Auskunft über dein Gefühlsleben und das deiner Umwelt. Sie verstärken deine innere Stimme, fragen ab, was du fühlst und glaubst. Vielleicht kommt es ab und an vor, dass du vor den Karten sitzt und dir denkst:

»Hab ich es doch gewusst!« Das ist die Magie der Tarotkarten.

Ganz konkret hilft dir das Tarot dabei:

- Antworten auf Fragen zu finden, die in dir liegen,
- Auskunft über andere zu erhalten, wie sie zu dir stehen und ob sie gut für dich sind,
- mehr über deine Vergangenheit, deine Gegenwart und deine Zukunft zu erfahren,
- mit deinem Unterbewusstsein zu arbeiten,
- Menschen dabei zu unterstützen, ihren Weg zu gehen,
- deine Intuition und innere Stimme zu stärken,
- dein Leben selbst in die Hand zu nehmen und zur Gestalterin desselben zu werden.

DIE VIER ZEICHEN DER TAROTKARTEN

Im Folgenden stelle ich dir die vier Zeichen und ihre Bedeutung sowie einige leicht zu erlernende Legetechniken vor. Das Legen der Tarotkarten ist einerseits sehr einfach und intuitiv – andererseits gibt es, ähnlich wie beim Schach, unzählige Möglichkeiten der Deutung, die hier unmöglich aufgelistet werden können. Ich möchte dir jedoch einen einfachen Einstieg in die Welt der Karten ermöglichen und dir zeigen, wie viel Freude es macht, für andere aus dem Tarot zu legen.

Du kannst auch für dich selbst die Karten legen, ich möchte dir allerdings empfehlen, eine Freundin darum zu bitten. Dann sind die Aussagen des Tarots treffender, und du hast außerdem eine Person, mit der du dich austauschen kannst. Fangt am besten mit einer einfachen Legetechnik wie dem Legen mit drei Karten an (siehe dazu das Kapitel »Legetechniken«).

Die Grundzeichen oder auch Farben im Tarot heißen Stäbe, Münzen, Kelche und Schwerter. Sie werden mit den vier Elementen und ihrer jeweiligen Bedeutung in Zusammenhang gebracht, wie die Übersicht verdeutlicht:

Je häufiger du die Karten benutzt, desto vertrauter werden dir bald schon die Symbole und Illustrationen werden. Vertraue deinem Instinkt und halte dich nicht an diesem Buch oder anderen Publikationen fest, die dir Deutungen vorschreiben wollen. Einzig dein Eindruck von der Person, für die du legst, und ihre individuelle Fragestellung sind entscheidend.

Es ist nicht schwer, Tarotkarten zu lesen, und es geht nicht darum, die Bedeutung jeder einzelnen Karte auswendig zu lernen und wiedergeben zu können. Viel wichtiger ist, sich die Karten, die du verwendest, genau anzusehen. Frage dich:

ZEICHEN	ELEMENT	SYMBOLIK	BEDEUTUNG
Stäbe	Feuer	Wille, Kraft, Intuition	Wachstum
Kelche	Wasser	Emotion, Instinkt, Gefühl	Gewinn/Verlust
Münzen	Erde	Materie, Praktisches, Handeln	Fülle/Leere
Schwerter	Luft	Denken, Intellekt, Verstand	Entscheidung

- Welche Zeichen und Bilder sind darauf zu sehen?
- Wie hell oder dunkel ist die Karte?
- Was erkennst du in den Gesichtern der gezeigten Figuren?
- Sehen sie glücklich oder traurig aus?
- Welche Gegenstände und Symbole befinden sich im Hintergrund?

- Wie wirkt die Karte auf dich? Bedrohlich oder einladend?

Ich werde dich nicht davon abhalten, alle Bedeutungen der Karten in einem Buch nachzuschlagen. Allerdings empfehle ich dir, deiner Wahrnehmung und deiner Intuition zu vertrauen.

DIE SYMBOLIK DER ZEICHEN

 Einen kleinen Leitfaden gibt es allerdings doch. Hierzu möchte ich dich bitten, dir zunächst eine Karte anzusehen, die das Symbol der STÄBE zeigt. Wie du bemerken wirst, handelt es sich bei den Stäben um Äste – du kannst Blätter und Astlöcher, aber auch kleine Triebe in den Illustrationen erkennen. Es wird dir sicher nicht schwerfallen, dieses Bild mit dem Begriff des Wachstums zu verbinden. Doch kann es natürlich auch sein, dass dich das Wachstum überfordert. Die abgebildeten Gesichter der Personen verraten dir, ob die Stäbe-Karte positiv oder negativ zu bewerten ist.

 Die KELCHE können befüllt und entleert werden – sie stehen für Gewinn, aber auch Verlust und stellen damit je nach Position etwas Positives oder Negatives dar: Stehende Kelche sind gefüllt, umgefallene, liegende Kelche ausgeschüttet.

 Die MÜNZEN symbolisieren Fülle, Wohlstand und Reichtum und manchmal auch Leere, denn wie du weißt, hat eine Münze zwei Seiten. Im Tarot sind diese Karten in den meisten Fällen positiv zu bewerten, ähnlich wie die Stäbe. Es gibt jedoch auch hier Ausnahmen, und ich rate dir, die Gesichter der abgebildeten Personen oder ihre Körperhaltung anzusehen. Traurige Mienen und eine gebückte Haltung weisen auf Leere hin – nicht auf Fülle.

 Die SCHWERTER zuletzt tragen wie auch die Kelche unterschiedliche Bedeutungen in sich – sie sind, wie man sich denken kann, zweischneidig. Sie können für Kampf, Auseinandersetzung und Verletzungen, aber auch für Entscheidungen und Siege stehen. Zieht man ein Schwert aus der Scheide, entscheidet man sich. So kannst du dir die Bedeutung der Karten leicht merken.

Diese vier Bedeutungen darfst du dir einprägen

STÄBE = Wachstum / Überforderung
MÜNZEN = Fülle / Leere

KELCHE = Gewinn / Verlust
SCHWERTER = Entscheidung

EXKURS: VIER GRUNDZEICHEN UND EIN ALTAR

Übrigens spielen die vier Grundzeichen auch beim Bau eines Altars eine Rolle. Viele Hexen haben einen Platz in ihrer Wohnung, den sie dem spirituellen Leben widmen. In einem Altar oder Schrein sammeln wir Ritualgegenstände sowie kleine Habseligkeiten, um Zauber oder unsere Absichten zu verstärken.

Ein Altar setzt sich mindestens aus fünf Elementen zusammen: Erde, Feuer, Wasser, Luft und dem, was wir »Geist« nennen. Die Erde symbolisieren wir beispielsweise mit dem Pentagramm, einem fünfzackigen Stern in einem Kreis, aus Holz oder Metall – und das wiederum erinnert doch sehr an eine Münze, nicht wahr? Das Element Feuer stellen wir mithilfe von Stäben aus allen denkbaren Materialien dar; wer richtig pfiffig ist, nimmt natürlich ein selbst gemachtes Räucherstäbchen, das Stab und Feuer perfekt miteinander verbindet (eine Anleitung dazu findest du in Kapitel 4, »Geheimnisvolle Räucherlehre«). Mit einer Ritualschale oder einem Kelch greifen wir das Element des Wassers auf. Die Luft zuletzt stellen wir über ein Schwert dar, ein kleines Messer tut es aber auch.

Bei Gegenständen handelt es sich um die vier Grundzeichen des Tarots und der kleinen Arkana. Wenn du dir vor oder während deines nächsten Projekts, einen Altar baust, lenkst du deine magischen Kräfte auf dein Ziel. Du kannst einen Altar wie eine kleine Gedenkstätte verstehen, auf die du all deine Wünsche projizierst. Während du ihn errichtest, stellst du dir vor, was du erreichen willst, und wählst die einzelnen Elemente mit Bedacht aus. Dabei musst du nicht besonders kreativ oder anspruchsvoll werden, du kannst einen ganz einfachen Altar bauen.

Nehmen wir an, du willst mehr Wohlstand in dein Leben ziehen. Du möchtest dich künftig nicht mehr sorgen, dass dein Konto nicht gut genug gepolstert sein könnte. Wunderbar! Baue einen Altar.

Überlege dir, wie du deinen Wunsch nach mehr Geld mit den vier Grundzeichen und dem fünften Element »Geist« unterstützen könntest. Beginne mit dem Untergrund und suche eine Unterlage. Am besten eine flache Schale oder Platte. Dort arrangierst du die fünf Elemente:

ERDE. Was liegt in diesem Fall näher, als eine Handvoll Münzen auf deinem Altar zu drapieren? Wenn du es dicker hast, kannst du natürlich auch Scheine nehmen. Oder du gehst subtiler vor und stellst einen kleinen Bonsai oder ein anderes Gewächs, das in Erde steht, auf den Altar.

FEUER. Entzünde eine Kerze, einen Räucherkegel, ein Räucherstäbchen oder ein Stövchen mit Kräutern, die anregend wirken, denn du willst ja etwas in Bewegung setzen.

LUFT. Lege eine Klinge oder ein kleines Messer dazu – es steht für deinen Entscheidungswillen, ab jetzt ein Mensch zu sein, der über ausreichend Geld verfügt.

WASSER. Befülle ein hübsches Gefäß, das dich mit dem Thema Geld in Verbindung bringt, mit Wasser – am besten von einer Quelle, aber der Wasserhahn tut es notfalls auch. Falls dein Thema ist, dass du sparsamer leben möchtest, kannst du natürlich auch ein vorher entleertes Sparschwein mit Wasser befüllen. Es ist alles erlaubt, denn es ist *dein* Altar! Wenn du noch mehr Magie aktivieren möchtest, gib etwas Salz in das Wasser. Früher erzählte man sich, dass Salz Negatives anzieht und somit den Weg in ein finanziell unabhängiges Leben ebnet.

GEIST. Das ist der schwierigste Teil – denn nicht jeder Glaube lässt sich einfach so darstellen. Doch vielleicht findest du doch etwas – ein kleines Abbild deiner Überzeugung. Ein Sinnbild dessen, an was du glaubst. Es darf auch sehr gern eine reine Inspiration sein, etwas mit Symbolcharakter. In dem Fall des Wohlstand-Altars: eine kleine Figur von Dagobert Duck, der bekanntermaßen im Geld gebadet hat. Aber Vorsicht bei der Comic-Ente: Die gilt auch als sehr geizig ... Wenn du auf Nummer sicher gehen willst, besorgst du dir eine goldene Winkekatze aus Japan, die steht ebenfalls für Reichtum.

Wie geht es nun weiter? Nachdem du deinen Altar gebaut hast, tust du erst einmal: nichts. Einmal am Tag leerst du das alte Wasser aus und befüllst den Altar mit neuem, gießt eventuell die Pflanze, entzündest eine Kerze oder Räucherwerk und lässt zum Beispiel die Katze winken. Was eben so zu tun ist in deinem kleinen Glücksgarten. Und dann gilt es loszulassen. Das Universum, das fliegende Spaghettimonster, Mutter Gaia oder an wen auch immer du glaubst, wird deinen Wunsch nicht bearbeiten, wenn du permanent daran denkst.

Die Grundregeln beim Altarbau sind:

- Überlege, was du ändern möchtest.
- Finde vier Grundzeichen und ein Symbol für den Geist.
- Formuliere das, was du in dein Leben ziehen willst, in nur einem einzigen Satz. Verwende dabei keine negativen Formulierungen, sondern ausschließlich positive Affirmationen.
- Baue deinen Altar auf und denke dabei an dein Vorhaben.
- Wenn du möchtest, kannst du die Wirkung des Altars verstärken, indem du eine passende Tarotkarte dazulegst.
- Lass deinen Wunsch los – beschäftige dich nur mit ihm, wenn du deinen Altar pflegst – ein- bis zweimal am Tag.
- Bau den Altar ab, wenn dein Wunsch erfüllt wurde.

Du kannst zu jedem Zweck einen Altar bauen: falls du deinen Traummann kennenlernen willst, eine neue Wohnung suchst, ein Schreibprojekt durchziehen musst, eine Diät abhalten ... deiner Kreativität sind keine Grenzen gesetzt!

LEGETECHNIKEN

Zurück zum Tarot. Es gibt viele verschiedene Arten, wie man Tarotkarten legen und deuten kann. Theoretisch kannst du am Anfang auch einfach morgens eine Karte ziehen und sie in Ruhe betrachten. Wenn du magst, formulierst du im Geiste noch eine Frage dazu, die dir die Karten beantworten sollen. So wirst du mit den Illustrationen und Symbolen vertraut und lernst im Laufe der Zeit das gesamte Kartendeck kennen.

Wenn du anfangen möchtest, dir oder anderen die Karten zu legen, gibt es verschiedene Legesysteme, die du anwenden kannst.

Die einfachste Tarot-Methode, die Tarotkarten zu legen, ist das Legen dreier Karten. Sie eignet sich gerade für Anfänger und dient dazu, simple Fragen zu beantworten oder Tagesvorhersagen zu treffen. Diese Legetechnik kannst du auch sehr gut für dich selbst anwenden, kompliziertere Legetechniken solltest du bitte nur für andere einsetzen. Das Legesystem aus drei Karten verschafft dir einen leichten, aber treffsicheren Überblick über Vergangenheit, Gegenwart und Zukunft.

Jede Sitzung beginnt mit einer konkreten Fragestellung. Überlege dir also, was du erfahren möchtest, oder frage die Person, der du die Karten legst, nach ihrer Frage. Diese sollte laut formuliert werden. In der folgenden Anleitung gehe ich davon aus, dass du dir die Karten selbst legst – aber natürlich kannst du es auch bei anderen versuchen.

LEGEN VON DREI KARTEN

Beim 3er-Legesystem gehst du wie folgt vor:

- Mische die 78 Karten und denke dabei an die Frage, die du an die Tarotkarten richten möchtest. Zum Beispiel: Wie sieht es bei mir in der Liebe aus? Wie geht es beruflich weiter? …
- Fächere das gesamte Kartenset mit den Bildern nach unten auf und ziehe intuitiv drei Karten. Konzentriere dich dabei auf deine Frage.
- Lege die Karten verdeckt in Reihenfolge des Legemusters vor dir ab.
- Decke die Karten nun nacheinander auf und betrachte sie. Auch wenn du für jemand anderen legst, ist die Reihenfolge immer gleich – der, der legt, gilt als Richtungsweiser.

- Sieh dir die Karte auf Position 1 an. Sie steht für die Vergangenheit.
- Betrachte als Nächstes die Karte auf Position 2, welche die Gegenwart symbolisiert.
- Die Zukunft kannst du mithilfe der dritten Karte auf der letzten Position analysieren.
- Was sagen dir die Karten in Bezug auf deine konkrete Fragestellung?

Anstelle von Vergangenheit, Gegenwart und Zukunft kannst du bei dieser Legetechnik auch nach deiner Person (ich), deinem Partner oder deiner Partnerin sowie der Umwelt fragen. Wichtig ist, dass du die Frage schon beim Mischen formulierst, um deine gesamte Konzentration auf die Beantwortung deines Themas zu lenken. Bei schwierigen Entscheidungen helfen die Karten mithilfe der folgenden Fragen, die mit den Positionen 1 bis 3 verbunden werden:

1. Was spricht dafür?
2. Was spricht dagegen?
3. Was passiert, wenn ich es tue?

DAS KLEINE KREUZ

Wenn du dich mit dem 3er-Legesystem einigermaßen sicher fühlst, darfst du dich gern am kleinen Kreuz versuchen. Es ist ein universelles, sehr schönes Legesystem und vielseitig anwendbar, zum Beispiel als Entscheidungshilfe oder bei konkreten Fragen. **Die Karten werden in folgendem Muster gelegt:**

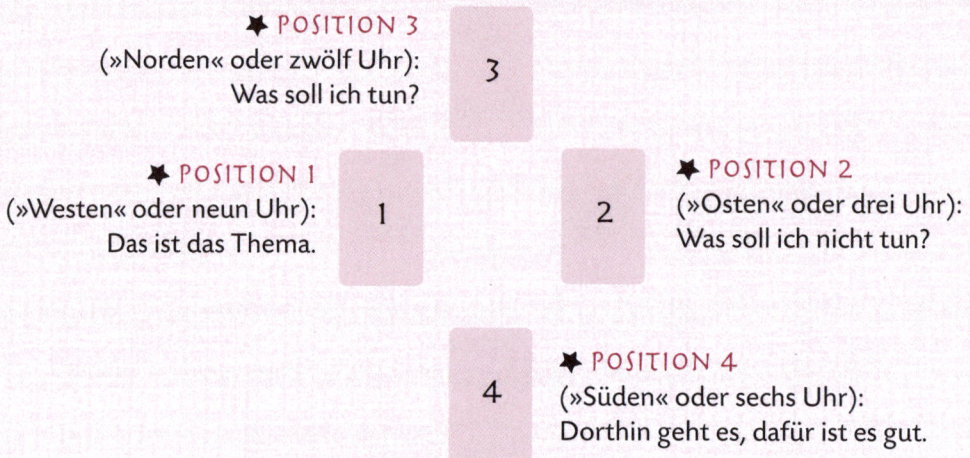

✦ POSITION 3
(»Norden« oder zwölf Uhr):
Was soll ich tun?

✦ POSITION 1
(»Westen« oder neun Uhr):
Das ist das Thema.

✦ POSITION 2
(»Osten« oder drei Uhr):
Was soll ich nicht tun?

✦ POSITION 4
(»Süden« oder sechs Uhr):
Dorthin geht es, dafür ist es gut.

Und so gehst du vor:

– Mische die 78 Karten und denke dabei an die Frage, die du an die Karten richten möchtest. Bspw.: Wie wird das kommende Jahr für mich verlaufen?
– Bilde einen Stapel. Hebe zwei kleinere Stapel mit der linken Hand (wenn du ledig bist) oder mit der rechten Hand (wenn du schon einmal verheiratet warst oder geschieden bist) ab und schiebe sie unter den ersten Stapel.
– Lege nun die ersten vier Karten in Reihenfolge des Legemusters vor dir ab.
– Sieh dir die Karte auf Position 1 an. Sie steht für das Thema deiner Frage.
– Die Karte auf Position 2, zeigt, was du in Bezug auf dein Thema *nicht* tun solltest. Dies ist vor allem interessant, wenn eine positive Karte an Position 2 liegt. Gestaltet sich ein Projekt besser als erwartet? Oder verschließt du die Augen vor etwas?
– Was du hingegen tun sollst, erkennst du mithilfe der Karte auf Position 3.
– Und zuletzt: Was als Nächstes passiert in Bezug auf dein Thema und wofür es gut ist, verrät dir die Karte auf Position 4.
– Was sagen dir die Karten in Bezug auf deine konkrete Fragestellung?

Besonders wichtig ist es, den Unterschied zwischen den Karten auf Position 2 und 3 zu erkennen: also der Frage, was du tun beziehungsweise vermeiden solltest.

DAS KELTISCHE KREUZ

Beim Keltischen Kreuz handelt es sich um eines der verbreitetsten Legesysteme. Es ist ein wenig komplexer als die beiden zuerst vorgestellten Techniken.

Bevor es losgeht, möchte ich dich bitten, die Karten gut zu mischen und dabei an deine Fragestellung zu denken.

Wenn du das Gefühl hast, dass es genügt, bildest du wie auch beim kleinen Kreuz drei Stapel, die du untereinanderschiebst, und legst die Karten dann von der obersten abgehend folgendermaßen:

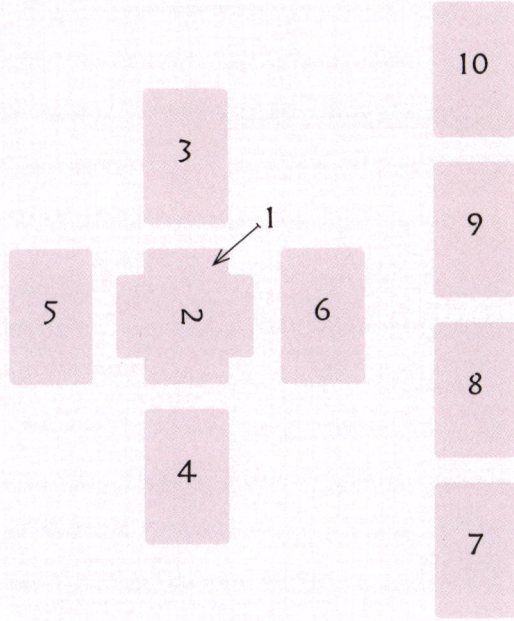

Die Positionen der Karten haben folgende Bedeutung:

– Dein Thema (in der Mitte): Das ist das Thema.
– Das Kreuzende (quer über Karte 1): Was dir im Weg steht oder dich fördert.
  Hier gilt: Negative Karten behindern, positive Karten nähren.
– Das Bewusstsein (»Norden«): Was du anstrebst oder erkennst.
– Das Unterbewusstsein (»Süden«): Was du spürst.
– Die Vergangenheit (»Westen«): Was dich hierhergebracht hat.
– Die nahe Zukunft (»Osten«): Was als Nächstes kommen wird.
– Du selbst: Wie du zu deinem Thema stehst. Diese Karte hat immer mit dem Kartenleger zu tun. Denn auch wenn du für jemand anderen die Karten legst, ist deine Energie im Bild der Karten sichtbar. Dort zeigt sie sich.
– Die äußeren Einflüsse: Was von außen dazukommt.
– Hoffnungen und Ängste: Was du hoffst oder befürchtest.
– Die fernere Zukunft: Worauf alles am Ende hinausläuft.

Es würde an dieser Stelle zu weit führen, ein konkretes Beispiel zu nennen und dir meine Analyse der Karten darzulegen. Ein Tarotblatt hat ja auch immer etwas mit der Person zu tun, der du legst, mit ihrer individuellen Geschichte, ihren Bedürfnissen und Hoffnungen. Daher gibt es kein »Rezept«, das man stur befolgen muss, um ein Ergebnis zu erzielen. Ich möchte dich vielmehr dazu einladen, mithilfe des Keltischen Kreuzes und der Karten regelmäßige kleine Checks deines Lebens zu machen. Auch wenn du an Wendepunkten in deinem Leben ankommst, können die Karten helfen, dir über deine Situation bewusst zu werden.

DIE KUNST DES KAFFEESATZLESENS

Das Lesen aus dem Kaffeesatz ist eine sehr alte Tradition, die vermutlich Ende des 17. Jahrhunderts entstanden ist. Eine Zeit lang war die Praktik verboten, insbesondere im Dritten Reich, wo alles Okkultistische verpönt oder die Ausübung sogar mit drastischen Strafen verbunden war. Heute weiß man, dass Hitler Angst vor Hexerei und Divination hatte, da er befürchtete, dass man dort seine wahren Absichten erkennen könnte.

Das Lesen des Kaffeesatzes ist nicht schwer. Die Symbole sind gut zu erkennen, die Interpretation daraus liegt nahe. Mit einer guten Portion gesundem Menschenverstand ist es leicht, die Symbole zu kombinieren und eine Bedeutung abzuleiten. Aus dem Kaffeesatz lassen sich die Vergangenheit, die Gegenwart oder die Zukunft lesen – je nachdem, wo und wie der Kaffeesatz sich entfaltet.

Grundsätzlich ist jeder Kaffee dazu geeignet, allerdings ist das türkische Kaffeepulver feiner und der Kaffee dickflüssiger. Es bietet sich daher besser für das Lesen daraus an.

Süßes und Saures

Warum brauchst du Zitrone und Zucker? Meine Großmutter hat mich gelehrt, dass man im Leben immer etwas Süßes braucht, also den Zucker (es geht auch Kandis). Aber auch etwas, das uns aus der Komfortzone herausholt, und hier kommt die Zitrone ins Spiel. Wenn in deinem Leben gerade alles in Ordnung ist, empfehle ich dir, mehr Zucker und nur einen Spritzer Zitrone zu verwenden. Hast du das Gefühl, dass du neue Impulse brauchst oder dein Leben gerade eher unstet oder unaufgeräumt ist, gib etwas mehr Zitronensaft in den Kaffee. Beide Zutaten sollten in deine Zubereitung einfließen, selbst wenn es nur zwei Körner Zucker und ein Tropfen Zitronensaft sind.

DIE RICHTIGE KAFFEEZUBEREITUNG

Um türkischen Kaffee für das Kaffeesatzlesen herzustellen, lässt du Wasser in einem Topf aufkochen. Du kannst das Wasser theoretisch auch in einem Wasserkocher oder auch in der Mikrowelle erhitzen, ich habe jedoch die Erfahrung gemacht, dass kochend heißes, sprudelndes Wasser aus einem Topf am meisten aus dem Kaffeesatz herausholt – am besten dreimal hintereinander. Also aufkochen lassen, abkühlen, aufkochen lassen, abkühlen, aufkochen lassen. Warum dreimal? Das erfährst du weiter unten.

Gieße das kochende Wasser nun auf 2 Teelöffel Kaffeepulver in der Tasse, gib Zitronensaft und Zucker nach Bedarf dazu. Warte einige Minuten ab, bis sich das feine Pulver abgesetzt hat. Dann kannst du den Kaffee leer trinken, sodass nur noch der zähflüssige Satz übrig bleibt. Stürze nicht alles auf einmal hinunter, sondern gib dem Pulver Zeit, sich immer wieder zu setzen. Es ist wichtig, dass du den Kaffee trinkst und nicht weggießt, da du sonst das Muster deines Kaffeesatzes veränderst.

Falls du keinen Kaffee magst, kannst du es auch mit Kakaopulver versuchen. Achte darauf, echten Kakao zu kaufen, den du zum Beispiel auch fürs Backen verwendest!

Fürs Kaffeesatzlesen brauchst du:
- türkischen Kaffee
- eine Tasse
- eine Untertasse
- einen Löffel
- kochendes Wasser
- Zitrone
- Zucker

ALLER GUTEN DINGE SIND ...

Die Zahl Drei wird dir in der Hexerei häufiger begegnen, denn es ist eine magische Zahl. Vor allem die Jahres- und Lebenszyklen in vielen Kulturen werden in der Dreiheit gesehen, also zum Beispiel Wachstum – Fruchtbarkeit – Vergehen oder auch Kindheit – Erwachsenenalter – Alter.

ALLER GUTEN DINGE SIND DREI!

KÖRPER, GEIST UND SEELE

DREIMAL AUF HOLZ KLOPFEN

DIE DREI JUWELEN DES BUDDHISMUS: BUDDHA, DHARMA, SANGHA

DREI WÜNSCHE EINER GUTEN FEE

DREIFALTIGKEIT DES WICCA-GLAUBENS: JUNGFRAU, MUTTER, ALTE DAME

DREIFALTIGKEIT DES CHRISTENTUMS: VATER, SOHN, HEILIGER GEIST

ALCHEMIE: SCHWEFEL, SALZ UND QUECKSILBER WERDEN ZUM STEIN DER WEISEN

TAROT UND KAFFEESATZ KOMBINIEREN

Meine Großmutter, von der ich das meiste Hexenwissen gelernt habe, hat Kaffeesatzlesen und Tarot immer miteinander kombiniert. Die Zeit, in der der Kaffee durchzog und das Kaffeepulver sich setzte, nutzte sie, um die Karten zu legen. So bekam sie schon eine ungefähre Ahnung und ein Gefühl dafür, in welche Richtung die Sitzung gehen konnte.

Sie zog dabei für sechs Aspekte ihrer Kaffeesatz-Sitzung je eine Karte:
1. die Tasse (steht für die Person, der du den Kaffeesatz liest, also für dich oder jemand anderen),
2. die Untertasse (steht für den Ursprung der Probleme),
3. die Vergangenheit,
4. die Gegenwart,
5. die Zukunft, außerdem für
6. den Löffel (steht für das, was fehlt, um das Problem zu lösen).

Leg nun den Unterteller auf die Tasse und schwenke Tasse samt Untertasse dreimal im Uhrzeigersinn. Wenn du dich für eine bestimmte Fragestellung interessierst, kannst du deine Frage in Gedanken formulieren.

Drehe Tasse und Untertasse um 180 Grad auf den Kopf, sodass die Tasse mit der Öffnung nach unten auf der Untertasse liegt. Lass das Ganze noch ein paar Minuten stehen, bevor du die Tasse von der Untertasse nimmst.

DIE KARTEN DAZU LEGEN

Während du darauf wartest, dass sich der Kaffee setzt, legst du die einzeln gezogenen Karten auf die dazugehörigen Positionen. Die Karten kannst du entweder vorerst gefächert vor dich hinlegen und intuitiv ziehen oder du mischst sie gut durch und nimmst dann – mit der obersten beginnend – eine Karte nach der anderen.

Lege die ersten fünf Karten bitte folgendermaßen untereinander, die sechste liegt separat:

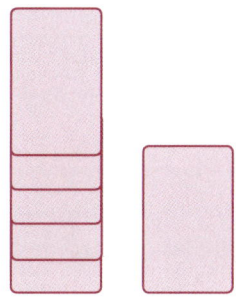

Falls du etwas mehr Übung hast, kannst du die Karten auch an ihre jeweilige Position auf dem Tisch legen, also neben die Tasse, den Löffel, die Untertasse und so weiter. Entscheide selbst, welches Legesystem du lieber magst.

Karte Nummer 1 (die »Tassen-Karte«) liegt entweder rechts außen oder direkt neben der Tasse – sie steht für die Person, der aus dem Kaffeesatz gelesen wird.

Die zweite Karte legst du links daneben (oder neben die Untertasse). Sie symbolisiert den Ursprung der Probleme.

Die dritte (Vergangenheit), vierte (Gegenwart) und fünfte Karte (Zukunft) legst du wie in der Abbildung darüber.

Zu guter Letzt ziehst du Karte Nummer 6 für den Löffel. Diese Karte zeigt dir an, was fehlt, um das Problem zu lösen.

Die Karten geben dir eine erste Einschätzung, worum es in der Sitzung gehen könnte. Und auch der Kaffeerest auf der Untertasse hilft dir, den Kaffeesatz zu deuten.

Hebe die Untertasse an und betrachte das Muster darauf. Du wirst mit großer Wahrscheinlichkeit feststellen, dass eine Seite dominiert, also dein Blick von ihr wie magisch angezogen wird oder die Flüssigkeit sogar leicht in eine Richtung rinnt. Ist es die von dir aus betrachtet (also aus der Warte des den Kaffeesatz Lesenden) rechte oder linke Seite? Die rechte Seite steht für das Männliche, die Vernunft, auch den Beruf. Die linke Seite repräsentiert dagegen das Weibliche, die Emotion und das Private. Anhand dieses Bildes kannst du erkennen, ob das Berufliche deiner Klientin oder von dir selbst in das Private »übergeht« beziehungsweise dieses beeinflusst oder umgekehrt.

DEUTUNG DES TASSENBODENS UND DER SYMBOLE

Der Kaffeesatz, der nach dem Anheben der Tasse am Boden derselben sichtbar ist, eignet sich zum Deuten der Vergangenheit, der Gegenwart und der Zukunft. Hier hast du, wenn du die Tarotkarten als Unterstützung verwendet hast, schon eine kleine Hilfestellung erhalten, wie du den Kaffeesatz deuten könntest.

Die verschiedenen Zeitebenen findest du in der Tasse ...

- am Boden: frühe Vergangenheit, Kindheit
- anderthalb Daumen weiter oben: jüngere Vergangenheit
- anderthalb Daumen über diesem Rand, Mitte der Tasse: Gegenwart
- anderthalb Daumen vom oberen Tassenrand: Zukunft

Das Muster auf der Untertasse sowie die Farbe des Kaffeesatzes verraten dir einiges über die grundsätzliche Verfassung der Person, der du den Kaffeesatz liest – auch wenn du selbst es bist. Über die Position der Symbole erfährst du, ob Ereignisse in der Vergangenheit, in der Gegenwart oder in der Zukunft liegen.

Bevor du aber im Einzelnen mit dem Lesen der einzelnen Symbole beginnst, möchte ich dich bitten, dir den Kaffeesatz als Ganzes anzusehen. Ist er hell oder dunkel? Also: Ist wenig oder viel Kaffeesatz am Boden der Tasse vorhanden? Die Faustregel lautet: Je heller der Kaffeesatz, desto zufriedener und ausgeglichener ist die Person, der du liest, gerade. Viel Kaffeesatz und ein dunkles Bild deuten auf eine seelische Belastung oder Probleme hin.

Betrachte nun das Innere der Tasse. Was siehst du? Manchmal sind die Symbole und Bilder eindeutig zu erkennen, manchmal braucht man etwas mehr Fantasie. Du wirst merken, dass dir bestimmte Muster sofort ins Auge fallen. Wenn du gar nichts siehst, hole dir kindliche Unterstützung. Du wirst überrascht sein, was Kinder im Kaffeesatz erkennen! Such nicht verkrampft, sondern lass dich auf diese Muster und Symbole ein. Der erste Impuls ist beim Kaffeesatzlesen wie auch beim Tarot meist der beste.

Genau wie beim Tarot geht es vor allem um die Deutung dessen, was man wahrnimmt und fühlt. Die Karten, die du gezogen hast, zeigen dir die Richtung. Liegen viele Schwerter, sind Entschei-

dungen zu treffen. Kamen eher Kelche vor, steht ein Gewinn oder ein Verlust bevor. Bei mehreren Münzen geht es um die innere Einstellung: die Fülle oder Leere, welche diese beinhaltet. Die Stäbe indes deuten auf Wachstum oder Überforderung hin.

Beim Kaffeesatzlesen geht es darum, alle Bilder, die man im Kaffeesatz findet, miteinander zu verknüpfen und zu interpretieren. Die Liste der Symbole ist unendlich – ich möchte dir nachfolgend jedoch eine Übersicht der wichtigsten Formen geben.

Die Faustregel beim Kaffeesatzlesen lautet, sich mindestens eine Stunde für eine Lesung Zeit zu lassen, denn die meisten Symbole tauchen erst nach etwa dreißig Minuten auf. Mit den Tarotkarten und den Symbolen im Kaffeesatz erhältst du ein schlüssiges Bild. Die Sitzung wird für die Klientin oder auch für dich Klarheit und Sicherheit bringen.

GEOMETRISCHE FORMEN

DREIECKE sind, wie beim Handlesen auch, Glückssymbole. Je mehr du davon in der Tasse erkennst, desto mehr Glück in Beruf, Liebe und finanziellen Angelegenheiten ist zu erwarten.
Mehrere Dreiecke, die dicht beieinanderstehen, deuten auf sehr großes Glück hin. Ein einzelnes Dreieck steht für eine gute Anstellung oder vorteilhafte Geschäfte.

KREISE sind Boten des eigenen Ehrgeizes, des Fleißes und der Disziplin. Je mehr Kreise sich finden, umso mehr haben wir es selbst in der Hand, dass Projekte und Vorhaben gelingen werden. Mehrere Kreise, auch Ovale, weisen auf Erfolg in allen Unternehmungen hin, wenige auf Einschränkungen.
Übertrifft die Anzahl der runden und kreisförmigen Zeichen die aller anderen Figuren, steht dies für einen Geldsegen.

Mehrere runde Figuren, die wie Perlen einer Kette aussehen, bedeuten: Die Liebe wird auf eine Probe gestellt und sich vermutlich nicht so entwickeln, wie man es gern möchte.

Erkennst du einen deutlichen PUNKT, stehen erfreuliche Nachrichten an, viele Punkte weisen auf Geschenke und Überraschungen hin. Eine runde Figur, die im Inneren vier deutliche Punkte enthält, deutet einen Kinderwunsch an.

KREUZE haben unterschiedliche Bedeutung, je nachdem, wie viele du im Kaffeesatz erkennen kannst. Ein Kreuz deutet auf ein langes Leben ohne große Unruhen hin. Zwei Kreuze stehen für die Veränderung des Blickwinkels – ein Neuanfang steht an. Drei Kreuze bedeuten Ruhm, Ehre und Anerkennung, vier Kreuze ein Leben in Ruhe und Beschaulichkeit, auch wenn die Person heute ein Lebenskünstler ist.

VIERECKE sind ein negatives Omen. Je mehr Vierecke im Kaffeesatz zu finden sind, desto mehr Ärger steht ins Haus. Sind in der Nähe des Vierecks mehrere Kreuze, ist der Partner der Person, der du aus dem Kaffeesatz liest, unglücklich in der Beziehung; befinden sich in der Nähe Winkel, ist die Person selbst unglücklich. Ein langes und deutliches Viereck steht für Unzufriedenheit in der Familie. Hier ist eine offene Kommunikation ratsam.

SCHRIFTZEICHEN

Gut erkennbare ZAHLEN können Glück bescheren, möglicherweise definieren sie auch den Zeitraum bis zur Erfüllung des Orakels. Eine große und deutliche Zahl bringt immer Glück. Es wird empfohlen, Lotto zu spielen, denn der Glücksgott steht zur Seite.

Bei BUCHSTABEN handelt es sich meist um die Anfangsbuchstaben von Vor- oder Nachnamen. Oft sind es Initialen zukünftiger Liebes- oder Geschäftspartner.
Es gibt jedoch Ausnahmen, die etwas anderes bedeuten können:
Buchstabe H: Strafzettel oder behördliche Unruhe
Buchstabe G: Glück und Freude im Leben
Buchstabe L: erfolgloses, nicht befriedigendes Arbeitsverhältnis
Buchstabe S: Glück in beruflichen Belangen, Probleme lösen sich von selbst

WEITERE SYMBOLE

ADLER: Perspektive ändern, die eigene Leistung anerkennen und einen Neustart wagen
AFFE: Neider und Böswilligkeit im eigenen Umfeld
AMEISE: Belohnung für Mühen
ANKER: Ankunft im eigenen Leben, Belohnung und Wohlstand
Am Tassenboden: geschäftliches Wachstum
Am Tassenrand: erfüllte Liebe und Treue
APFEL: Ernte, vor allem beruflich und persönlich

AUGE: Beobachtung durch fremde Person, oft negativ, Neid
AUTO: anstehender Umzug oder Ortswechsel
BAUM: Erfüllung eigener Wünsche
Einzelner Baum: Gesundheit
Mehrere Bäume: unglückliche Ereignisse, die durch Vorsicht vermieden werden können (»Wald vor lauter Bäumen nicht sehen«)
BERG: große Aufgaben mit Erfolg und Anerkennung, Freundschaft, Macht und Beständigkeit
Einzelner Berg: einflussreiche, verlässliche Freunde
Mehrere Berge: Gruppe mächtiger Freunde
Berge mit Wolken oder Schleiern: Feinde im Umfeld
BLUME: heimlicher Verehrer
BOOT: unverhoffter Besuch
BRIEF: bald eintreffende Nachricht; je klarer das Symbol zu erkennen ist, desto besser ist die Botschaft des Briefes
BUCH: innere Reifung in einer Angelegenheit, Wechsel des Blickwinkels
Offenes Buch: zu erwartende gute Nachrichten
Geschlossenes Buch: Aufforderung zu Geduld
DRACHE: Das eigene Feuer darf wieder entfacht werden
EI: bevorstehender beruflicher Erfolg, Geld, Spaß bei der Arbeit
FAHNE: Klärung eines Streits, Aussprache
FISCH: Liebesglück, neuer Partner
FLUGZEUG: bevorstehende Reise
FRAU: Hilfe durch eine gute Freundin

GANS: Symbol für Glück in der Liebe

GARTEN: schöner Lebensabend, hohes Alter

GELDBÖRSE: Wahrung eigener Geheimnisse, Achtung vor Menschen, die einem damit schaden wollen

HAUS: Erfüllung der Pläne auf eine andere Art als erwartet

HERZ: unerwartete Hilfe, Glück
Zwei Herzen: Verlobung oder Hochzeit
Herz mit Buchstabe: Anfangsbuchstabe des Seelenpartners

HUND: unerwarteter Besuch, Hingabe und Treue

KATZE: häuslicher Streit, Neid und Unehrlichkeit in der Umgebung

KIND: bevorstehender Kindersegen, Heilung des eigenen inneren Kindes

KIRCHE: neue Hoffnung, die sich erfüllen wird, auch: Loslassen alter Gewohnheiten

LÖWE: Vertrauen und gesundheitlicher Wohlstand

MANN: lukratives Angebot, bevorstehendes Kennenlernen des Seelenpartners, Geld wird magisch ins Leben kommen

MESSER: Neider und negative Personen in der Umgebung

PFLANZEN: Schicksalsveränderungen und Herzensangelegenheiten dürfen sich klären

PYRAMIDE: Karriereanstieg und neues Jobangebot, Glück im Beruf

ROSE: gute Gesundheit und Heilung von Krankheiten

SARG: Neuanfang nach einer sehr schweren Zeit

SCHLANGE: Achtung vor bösen Menschen (erster Name, der in den Sinn kommt, ist diese Person), jedoch auch glückliche Lösung von Problemen

SCHLÜSSEL: mehr Zeit für dich, um Ruhe zu finden

STRASSE (BREIT): sehr bodenständiges und fundiertes Leben

STRASSE (ENG): verschiedene Wege gehen, v. a. bei Lebenskünstlern

TURM (GROSS): langes Leben, jedoch auch sehr schwer

TURM (KLEIN): Verborgenes zeigt sich

VOGEL: gute Nachrichten

WASSER/WELLEN: große, kommende Erfolge, Hören auf die eigene Intuition, etwas kann sehr schnell gehen

ZICKZACK: drohender Misserfolg, etwas ist nicht rund und eckt an

✦TIPP✦ Falls du einer anderen Person den Kaffeesatz liest, kannst du dich Schritt für Schritt vorantasten. Teile deiner Klientin mit, worum es gehen könnte, und erkläre ihr, welche Zeichen und Symbole du siehst und wofür sie stehen. Gemeinsam findet ihr sicher schnell heraus, was im Kaffeesatz steht.

Vor einiger Zeit las ich einer Kundin, Maria, aus dem Kaffeesatz und legte dazu die Karten. Maria wollte herausfinden, ob der Mann, mit dem sie zusammen war, wirklich zu ihr passte.

Im Kaffeesatz fiel mir als Erstes ein Vogel ins Auge. Das Symbol deutet auf eine positive Nachricht hin. Außerdem war zu sehen, dass es mehrere Straßen, die man immer als Wege und Linien im Kaffeesatz wahrnimmt, in Marias Leben gab. Sie hatte also Auswahlmöglichkeiten, welche Wege sie in ihrem Leben nehmen wollte und welche nicht.

DER MOND

Ich legte ihr die Karten. Auf der Position der Karte, die sie selbst beschrieb (Karte auf Position 1), tauchte »Der Mond« auf. Das Gesicht des Mondes sieht auf der Tarotkarte nicht sonderlich glücklich aus. Es kam mir so vor, als ob Maria in ihrem Leben in einer Art Stillstand oder Resignation gefangen war. Auf der Karte des Mondes sind auch zwei Türme zu sehen, welche genau das beschrieben, was in der Tasse zu lesen war: Maria wusste nicht, welchen Weg sie gehen sollte.

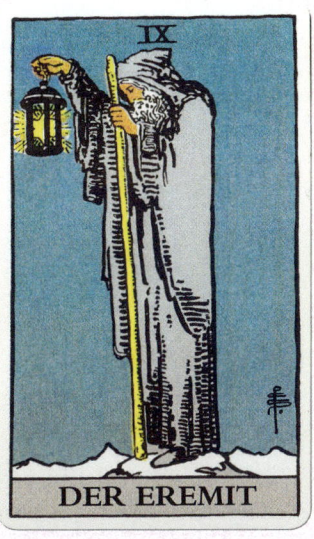

DER EREMIT

Die Untertasse (also Karte Nummer 2) zeigt den Ursprung des Problems. Als Tarotkarte tauchte »Der Eremit« auf, welcher darauf hindeutet, dass ihre Privatsphäre und das Alleinsein gefährdet waren. Maria erzählte mir, dass sie eine sehr freiheitsliebende Person sei, sich aber in ihrem Job gefangen fühle und keine Möglichkeit habe, ihre Kreativität auszuleben. Außerdem teilte sie mir mit, dass ihr Mann sehr kontrollsüchtig sei. Das war also der Ursprung von Marias Problem. Sie hatte nicht genügend Zeit für sich selbst und wurde fremdbestimmt.

DER HERRSCHER

DER GEHÄNGTE

Ich sah mir ihre Vergangenheit (Karte Nummer 3) und damit die Tarotkarte »Der Herrscher« an. Maria erschrak und erklärte mir, dass ihr Vater ein sehr dominanter, cholerischer Mann gewesen war, der sie stets kontrollierte. Mir wurde klar, dass sie sich mit ihrem jetzigen Mann eine »Kopie« ihres Vaters gesucht hatte – wie so viele es tun.

Auf der Kartenposition der Gegenwart (vierte Karte) lag »Der Gehängte«. Dieser wirkt auf der Karte nicht traurig, sondern trägt einen gelben Strahl um seinen Kopf herum – eine Aufforderung, den Blickwinkel zu ändern. Ich erklärte Maria, dass es vielleicht einen Grund gebe, warum sie sich erneut auf einen herrschsüchtigen Mann eingelassen habe, und fragte, ob sie sich schon einmal die Frage gestellt habe, warum es gleich zwei dominante Männer in ihrem Leben gebe. Sie erklärte, beide hätten stets Angst um sie und liebten sie sehr. Wir fanden heraus, dass sie nicht gern über sich sprach und sich so geheimnisvoller gab, als sie es beabsichtigte. Daher ging der Mann vermutlich auch davon aus, sie kontrollieren zu müssen, da er stets fühlte, dass sie etwas zurückhielt.

AS DER STÄBE

AS DER MÜNZEN

Auf der Zukunftsposition (Karte Nummer 5) lag die Karte »As der Stäbe«. Sie bedeutet Wachstum. Für mich war damit klar, warum Maria ausgerechnet zu diesem Lebenspartner gekommen war: Sie sollte an ihm und mit ihm wachsen.

Ich riet ihr zu kommunizieren, dass sie sich eingeengt fühle und dass es ihr nicht gut dabei gehe. Außerdem empfahl ich ihr, sich mehr freie Zeit für sich zu nehmen. Ihr Mann müsse lernen, dass er ihr vertrauen könne – also könne sie ihm zum Beispiel die Möglichkeit einräumen, auch unangemeldet bei ihr vorbeizukommen.

Auf Kartenposition 6 erkannte ich das »As der Münzen«. Nun wusste ich, was meiner Klientin fehlte, um ihr Problem zu lösen. Die Karte zeigt eine Hand mit einer Münze und eine Wolke, die aus dem Himmel kommt. Sie bedeutet, dass alles ist, wie es sein soll, und dass sie nur so lernen würde, ehrlich und offen für sich einzustehen.

Ich nahm die Tasse zur Hand und erkannte im Kaffeesatz eine Kirche. Sie stand mitten auf einem der vielen Lebenswege Marias. Nun wussten wir sicher, welchen Weg sie gehen sollte.

Die Kirche bedeutet nämlich eine neue Hoffnung, die sich erfüllt, wenn man nur genug Vertrauen aufbringt und alte Gewohnheiten loslässt. Ursprünglich, erklärte mir Maria, war sie zu mir gekommen, um von mir zu hören, dass der Mann nicht der Richtige sei. Doch nun war ihr klar geworden, dass auch sie sich ändern durfte.

Ich komme aus der Steiermark. Dort ist vieles sehr schön, die Natur gewaltig, die Menschen freundlich, man kennt sich, seit Jahrzehnten schon, aber irgendwann, noch keine zwanzig, hatte ich das Gefühl, es keinen einzigen Tag mehr in diesem Landstrich Österreichs auszuhalten. Ich wollte weg. Die Welt erkunden! New York, Rio, Tokio – und mit Wien würde ich den Anfang machen.

Ich hatte einen Job in einer großen Versicherungsfirma und ein supergünstiges Zimmer bei einer netten Frau. Dachte ich. In Wahrheit saß ich in einem Callcenter und musste versuchen, ahnungslosen Menschen am Telefon Versicherungen aufzuschwatzen, die sie nicht brauchten. Tat ich es nicht, verdiente ich kein Geld, denn ich lebte im Grunde nur von der Provision. Das Zimmer, in dem ich wohnte, war wirklich günstig, leider waren meine WG-Mitbewohner aber Hunderte Kakerlaken, die tags wie nachts durch die Flure huschten, denn die »nette Frau« hatte sich beim Eintreten in die Wohnung als Messie herausgestellt.

Alles war furchtbar! Aber ich war jung und grenzenlos optimistisch: Das wird schon werden, dachte ich mir ein ums andere Mal. Bald verkaufst du mehr Versicherungen, und dann bist du auch endlich aus der Bude raus.

Die Wochen vergingen. Doch es wurde nicht besser, sondern schlimmer. Ich verlor meinen Job, den ich mit meinen Werten einfach nicht länger vereinbaren konnte, und meine Mutter musste finanziell einspringen. Nach einem Monat flehte sie mich an: »Birgit, komm nach Hause! Ich kann dir kein Geld mehr geben, werd vernünftig, komm wieder in die Steiermark.«

Ich wollte nicht – es hätte sich wie Aufgeben angefühlt. Selbst wenn ich verzweifelt war, wenn ich nicht einmal zu Bewerbungsgesprächen eingeladen wurde, wenn ich nachts das Rascheln der Schaben unter meinem Bett hören konnte, ich wollte es schaffen!

»Gib mir noch eine Chance«, bat ich meine Mutter. »Nur eine Woche noch.«

Ich setzte mich hin und machte eine sehr ehrliche Bestandsaufnahme. Was konnte ich? Vielleicht sogar besser als andere? Wovon würden andere profitieren? Welches Talent sollte ich zu Geld machen?

Mir fiel ein, dass ich als Jugendliche meinen Mitschülern oft die Karten gelegt hatte, wie meine Großmutter es mir beigebracht hatte. *Liebt er mich, liebt er mich nicht? Wie wird die Mathearbeit nächste Woche laufen?* War ich in der Lage, damit Geld zu verdienen? Auf einen Versuch konnte ich es ja mal ankommen lassen.

Also inserierte ich auf einer kostenlosen Seite im Internet und bot meine Dienste an. Im besten Fall würde ich mit ein, zwei Tarotlegungen die Miete für den Monat reinbekommen und mir damit etwas mehr Zeit erkaufen. Als die Anzeige online war, machte ich einen Spaziergang, denn ich rechnete nicht damit, dass sich so bald jemand melden würde.

Falsch gedacht. Nach nur einer Stunde hatte ich fünf Anfragen. Ich schrieb allen zurück und verabredete mich mit ihnen. Als Bezahlung schlug ich vor, sie sollten mir das geben, was es ihnen am Ende wert gewesen war.

Und was soll ich sagen? Am Ende des Tages hatte ich 280 Euro in der Tasche – mit einer Arbeit, die mir richtig Spaß machte und mich mit Freude erfüllte. Bald schon verdiente ich noch mehr am Tag und baute mir ganz nebenbei einen festen Kundenstamm auf. Man mochte mich und empfahl mich weiter.

Am Ende der ersten Woche rief ich meine Mutter an. »Du musst mir kein Geld mehr geben, Mama.«

»Und wovon willst du leben?«, fragte sie ungläubig.

»Ich verdiene etwas«, erwiderte ich knapp.

»Prostituierst du dich?!« Ihre Stimme war schrill geworden.

Ich stöhnte. »Nein, ich lege Karten. So, wie Großmutter das immer gemacht hat.«

Meine Mutter war zunächst skeptisch, doch mit der Zeit gewöhnte sie sich an den Gedanken, dass ihre Tochter in die Fußstapfen ihrer Schwiegermutter getreten war.

Nur wenige Wochen nach meinem Inserat im Internet konnte ich dank meiner Einnahmen in eine kleine Wohnung ziehen – ohne Kakerlaken. Seitdem ist Tarot aus meinem Alltag nicht mehr wegzudenken. Es hat mir damals buchstäblich das Leben gerettet.

DIE HEXE DES HANDLESENS: BIRGITTA LASSES

Birgitta war die erste Hexe der schwedischen Insel Öland und lebte im 16. Jahrhundert. Sie war sehr talentiert darin, die Verbindung zur Anderswelt herzustellen. Doch auch sie fiel einem Hexenprozess zum Opfer. Immer wieder wurde ihr nachgesagt, sie sei geistig verwirrt, doch konnte sie in den Händen von Menschen deren Vergangenheit, Gegenwart und Zukunft ablesen. Sie hatte außerdem die überirdische Macht, in den Händen von Toten zu erkennen, wer sie ermordet hatte, und gab diesbezüglich auch bereitwillig Auskunft darüber.

Man erzählt sich, dass sie eines Tages dreimal um den Friedhof ging und dann in das Schlüsselloch der Kirchentür pustete, um damit die Pforte zu öffnen und weitere unerklärliche Todesfälle aufzudecken. Da sie drei Runden gegen den Uhrzeigersinn um die Kirche ging, löste sie sich angeblich von Gott los und ging ein Bündnis mit dem Teufel ein. Aus dem alten Hexenzirkel meiner Großmutter weiß ich jedoch, dass die Kirche damals sehr viele Morde beging, welche ungesühnt hätten bleiben sollen, und Birgitta ihnen ein Dorn im Auge war.

In einem Verhör gab sie zu, auf einem Friedhof versucht zu haben, einen Toten wieder zum Leben zu erwecken. Sie wurde wie viele andere vor und nach ihr zum Tode durch das Beil verurteilt und hingerichtet.

WEGWEISENDES HANDLESEN

Das Schicksal liegt nicht in der
Hand des Zufalls; es liegt in deiner Hand.
Du sollst nicht darauf warten,
du sollst es bezwingen.

William Jennings Bryan

DAS LEBEN IN DEINER HAND

Kann man in den Hautfalten der Handinnenfläche eines Menschen wirklich seine Zukunft lesen? Oder mehr über seine Vergangenheit erfahren? Hinterlassen markante Erlebnisse und Erfahrungen im Gestern, Heute und Morgen tatsächlich ihre Spuren in der Hand? Zeichnet sich unsere Lebensweise in den Handlinien ab? Und sagen diese Linien etwas über unseren Charakter, unseren beruflichen Erfolg, unsere Gesundheit und unsere Beziehungen aus?

DIE HAND ALS ORAKEL

Schon seit Jahrhunderten wird die Hand als Orakel genutzt. Die Kunst des Handlesens entstand vermutlich im 11. Jahrhundert in Indien und wurde durch das fahrende Volk der Sinti und Roma bis nach Europa gebracht. Es mauserte sich von der Jahrmarktsattraktion zur Wissenschaft, die man Chirologie nannte, also »Lehre der Hand«.

Die Zukunft aus der Hand zu lesen galt damals nicht als fauler Zauber oder Hokuspokus. Wer zu einem Wahrsager ging, der in einer Glaskugel, den Tarotkarten oder eben der Hand nach Hinweisen auf das Kommende suchte, wurde nicht ausgelacht. Der Blick in die Zukunft interessierte die Menschen. Was kommt? Was wird? Worauf soll ich mich vorbereiten? Egal, in welcher Gesellschaft, auf welchem Kontinent oder in welcher Zeit: Wir brennen darauf, zu erfahren, was uns bevorsteht – bis heute. Ich selbst befrage die Tarotkarten für viele einflussreiche Personen, die wissen wollen, welche Projekte gut sind, was der beste nächste Schritt wäre und/oder ob bestimmte Angestellte gut fürs Unternehmen sind. Alles hinter verschlossenen Türen, versteht sich.

Genau wie beim Tarot, dem Kaffeesatz, der Astrologie oder jeder anderen Form der Divination gilt, dass das Lesen aus der Hand eine Tendenz abzeichnet – und keine in Stein gemeißelte Wahrheit offenbart. Wer beweisen möchte, dass eine Zukunftsdeutung falsch ist, kann es in der Regel sehr leicht tun: indem er bei einem Partner bleibt, der ihm nicht guttut, einen Beruf weiter ausführt, obwohl er ihm keine Erfüllung bereitet, oder sich nicht genug um seine Gesundheit kümmert. Zu beweisen, dass die Prognosen nicht zutreffend sind, ist kein Hexenwerk.

DEINE HAND VERRÄT DIR

✦ WER DU BIST
(Persönlichkeitsmerkmale)

✦ WAS DU BEREITS
ERLEBT HAST UND
ERLEBEN WIRST
(Liebe, Beruf, Gesundheit)

✦ WIE MAN
DICH SIEHT
(Fremdwahr-
nehmung)

✦ WAS DU ÜBER
DICH SELBST DENKST
(Selbstwahrnehmung)

✦ WIE DU TICKST
(Charaktereigenschaften)

✦ WELCHE HERAUSFORDERUNGEN
DU MEISTERN DARFST
(Zukunft und Lebensziele)

DIE ZEICHEN DER GÖTTER

Divination, Mantik, Wahrsagen oder Weissagen wird seit dem 18. Jahrhundert von christlichen Religionsvertretern als Aberglaube abgetan. Davor beschäftigten sich sogar Wissenschaftler mit der Frage, ob man die Zukunft wirklich vorhersehen kann. Doch im Zuge der Aufklärung und durch den Einfluss der Kirche wurde entschieden, dass die Mantik eine Anmaßung gegenüber Gott sei. So bekam die Kunst der Zukunftsdeutung ein schlechtes Image verpasst und landete schließlich wieder dort, wo sie hergekommen war: auf den Jahrmärkten, in Hinterhöfen und Spelunken.

Es ist jedoch ein Irrglaube, beim Handlesen oder jeder anderen Methode der Divination von reiner Zukunftsdeutung auszugehen. Das Wort Divination kommt aus dem Lateinischen und bedeutet wörtlich übersetzt »Erforschung des göttlichen Willens«. Man versteht darunter also nicht nur die Enthüllung der Zukunft, sondern vor allem die Auslegung der Zeichen der Götter. Ja, genau, der Götter – nicht des einen Gottes.

Hexen glauben nicht nur an eine einzige Gottheit, sondern an eine Vielzahl von Kräften, die sich dem Menschen in verschiedenen Formen und Gestalten zeigen. Übrigens tun das die meisten sogenannten monotheistischen Religionen. Das Christentum zum Beispiel verehrt offiziell zwar nur den einen Gott, hat aber das nicht gerade unkomplizierte Konzept der Dreifaltigkeit entwickelt und darüber hinaus eine beinahe unübersichtliche Anzahl von Heiligen geschaffen, die mit dem römischen oder griechischen Olymp oder der nordischen Götterwelt verglichen werden können.

Für das Handlesen ist es vollkommen egal, woran du glaubst. Das Einzige, was du wirklich verstehen darfst, ist, dass du in der Hand eines anderen (oder natürlich in deiner eigenen) nicht nur Hinweise auf die Zukunft, sondern auch auf gegenwärtige oder vergangene Ereignisse ermittelst. Deine alltäglichen Handgriffe prägen nämlich deine Handlinien genau wie das Skelett, das darunter liegt. Und dennoch oder gerade deshalb ist es möglich, Aussagen über die Vergangenheit, die Gegenwart und damit auch die Zukunft zu treffen.

CHIROLOGIE ODER WAS DIE HAND ÜBER DEN CHARAKTER VERRÄT

Bevor ich dir beibringe, was die Ausprägung der einzelnen Linien in der Hand bedeutet, möchte ich dir zeigen, was du aus der Hand, beispielsweise aus ihrer Form, noch alles herauslesen kannst – bei dir oder bei anderen. Unter der Chirosophie versteht man eine sehr alte Wissenschaft, die unter anderem von Platon, Aristoteles und Paracelsus, aber auch von vielen anderen Gelehrten vieler Völker angewandt wurde. Sie erlaubt Rückschlüsse auf grundlegende Charakterzüge eines Menschen und verfolgt das Ziel, das Bewusstsein desjenigen zu erweitern, dessen Hand »gelesen« wird. Aus ihr hat sich die Chirologie entwickelt, bei der mithilfe der Handlinien, der Hand- und Fingerform und der Beschaffung der Haut und des Gewebes Aussagen über eine Person getroffen werden können.

Vielleicht fragst du dich nun, warum das für die Kunst notwendig ist, einem anderen die Zukunft aus der Hand zu lesen. Nun, Divination bedeutet nicht, stur nach Hinweisen auf eine kommende Zeit zu suchen und eine diesbezügliche Prognose abzuliefern. Aus der Hand zu lesen heißt für mich, die Person, die sich mir anvertraut, in ihrer Gänze wahrzunehmen und zu analysieren. Ich nehme ihre Schwingung und Energie wahr, beobachte, wie sie sich bewegt und redet, wie sie ihren Körper einsetzt und wie dieser ge-

formt ist. Das alles gibt mir Aufschluss über das Lebensthema der Person, der ich die Zukunft vorhersage.

Es würde in diesem Buch zu weit führen, all die Indikationen und Indizien aufzuschreiben, die ich aus der bloßen Erscheinung eines Menschen erlange. Allerdings möchte ich dir verraten, was du über dein Gegenüber erfahren kannst, wenn du dir allein die Form der Hand ansiehst. Bevor du also mit dem Lesen der Handlinien loslegst, möchte ich dich darum bitten, herauszufinden, zu welchem Grundtyp die Hand gehört, aus der du liest. Diese Form verrät dir eine Menge über Stärken und Begabungen, aber auch Schwächen der jeweiligen Person – und damit, was ihr Lebensthema oder ihre Aufgabe ist.

PROPORTIONEN UND FORM DER HAND UND DER FINGER

Schau dir als Erstes die Proportionen der Hand an. Dafür ist es gut, zunächst einmal die Handaußenseite zu betrachten, besonders die Form der Hand und das Verhältnis von Handteller zu Fingerlänge. Was erkennst du? Wie groß ist die Handfläche im Vergleich zu den Fingern? Wie sind die Finger proportioniert? Sind die Hände eher klein oder groß? Lang- oder kurzgliedrig?

DEUTUNGEN:

- eher kleine Hände:
  Interesse an großen Plänen
- eher breite Hände:
  Klugheit und Redegewandtheit
- eher schmale Hände:
  Sensibilität und Feingefühl
- eher große Hände:
  Sinn für Feinarbeiten

Die Größe des Handtellers steht für die materielle Neigung der Person, die Länge und Form der Finger für ihre geistigen Anlagen. Auf den folgenden Seiten werde ich dir die vier verschiedenen Grundtypen der Handformen vorstellen, die dir schon viel über dein Gegenüber verraten.

DIE VIER GRUNDLEGENDEN HANDFORMEN

Die Chirologie kennt viele verschiedene Handformen, für das Handlesen ist es jedoch ausreichend, die vier wesentlichen Typen Erd-, Feuer-, Luft- und Wasserhand benennen zu können.

Die ERDHAND (auch die Hexenmutter genannt) besteht aus einer beinahe quadratischen Handfläche und kurzen Fingern. Du erkennst sie leicht, denn alle vier Seiten der Hand sind ungefähr gleich lang. Menschen mit dieser Handform sind zuverlässig und gut organisiert, praktisch veranlagt und naturverbunden. Allerdings lieben sie auch sehr die Routine und sind deshalb oft stur und haben Probleme mit Veränderungen. Aufgabe der Erdhand ist es, Flexibilität in ihr Leben einziehen zu lassen und sich für Unbekanntes zu öffnen.

Die FEUERHAND (oder Hand der Hexenschwester) unterscheidet sich von der Erdhand durch die eher rechteckige denn quadratische Handform. Auch ihre Finger sind kurz, allerdings stellen sich die Längsseiten der Hand länger dar als ihre Ober- oder Unterseite. Wer eine Feuerhand besitzt, verfügt über viel Energie und initiiert gern Projekte. Die Feuerhand ist vielseitig interessiert, lebendig und begeisterungsfähig – ihre Individualität geht ihr über alles. Oft merkt sie nicht, dass sie andere überrumpelt oder sich zu sehr in den Mittelpunkt stellt. Herausforderung dieser Menschen ist, den Fokus zu halten und Dinge zu Ende zu bringen.

Ein Mensch mit Hexenbruder- oder LUFTHAND hat eine quadratische Handfläche und lange Finger. Kommunikation und Austausch ist für den Luft-

hand-Typen von größter Bedeutung. Er ist ein Denker, der durch eine besondere Beobachtungsgabe und analytische Fähigkeiten beeindruckt. Allerdings kann er zu übermäßiger Kritik und Sarkasmus neigen, was ihn nicht immer besonders sympathisch macht. Die Lufthand darf lernen, aus dem Verstand mehr ins Herz zu kommen und über andere weniger zu urteilen.

Eine rechteckige, lang gezogene Handfläche und lange Finger zeichnen die WASSERHAND (auch Hexenvater-Hand) aus. Wer über eine solche Hand verfügt, gehört zu den Gefühlsmenschen, ist sensibel, ruhig und intuitiv. Wasser passt sich der Umgebung an – und auch die Wasserhand neigt dazu, es anderen recht machen zu wollen. So gibt sie gern die Verantwortung ab und lässt sich zu leicht beeinflussen. Menschen mit Wasserhand haben die Lebensaufgabe, für sich einzustehen und sich klarer zu positionieren.

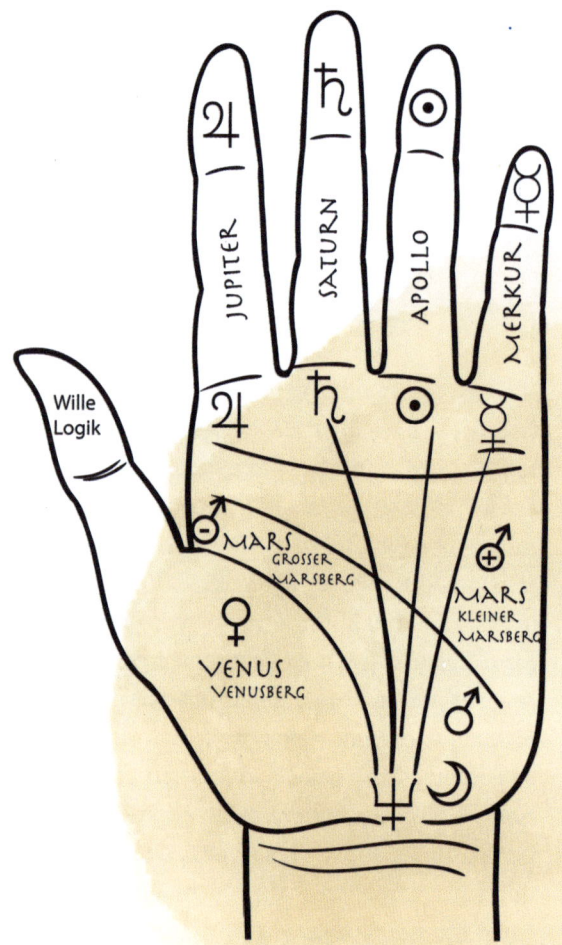

FINGERZEIGE

Auch die Finger verraten dir einiges über die Person, der du aus der Hand liest. Jedem Finger werden dabei unterschiedliche Planeten und damit verbundene Eigenschaften zugeordnet. Je ausgeprägter der Finger, desto stärker sind die Eigenschaften bei der Person vorhanden. Eine kleine Ausnahme bildet hierbei der Daumen: Ihm wird kein Planet zugeordnet, lediglich der Daumenballen wird mit der Venus in Verbindung gebracht.

DEUTUNGEN:

- **Daumen:** Durchsetzungsfähigkeit, Verstand, Willenskraft, Sexualität & Libido
- **Zeigefinger (Jupiter):** Intuition, Ehrgeiz, Karriere, Risikobereitschaft
- **Mittelfinger (Saturn):** Konzentration, Melancholie, auch Schwermut, Verantwortungsbewusstsein, Ernsthaftigkeit
- **Ringfinger (Apoll):** Wunsch nach Anerkennung, Stolz, Geltungsbewusstsein, Schönheitssinn
- **kleiner Finger (Merkur):** Redegewandtheit, Auftreten, Präsenz

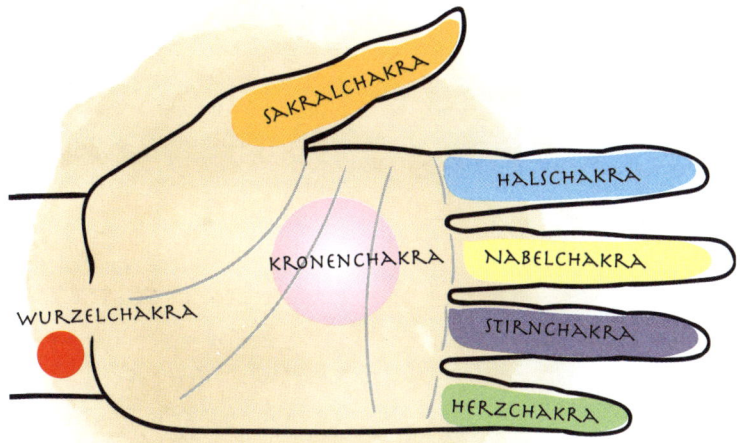

HANDCHAKREN

Wie du weißt, hat der Mensch sieben Chakren – sogenannte Energiezentren zwischen dem physischen und dem feinstofflichen Körper, den manche Seele, manche Energiekörper und wieder andere Aura nennen. Die Chakren befinden sich an sieben unterschiedlichen Orten im Körper und sind durch Energiekanäle miteinander verbunden. Die sieben Chakren sind: Wurzel- und Sakralchakra, Solarplexus oder Nabel, Herz-, Kehl, Stirn- und Scheitelchakra. (In Kapitel 5, »Übersinnliche Schutzrituale«, werde ich noch einmal genauer darauf eingehen.)

Auch in deiner Hand gibt es Chakren (siehe Abbildung). Sie sind zwar nur Nebenchakren, aber dennoch Energiezentren und damit hilfreich bei der energetischen Arbeit. Es gibt zahlreiche Übungen, wie du über die Handchakren für einen besseren Energiefluss in deinem Körper sorgen kannst. Sehr gut sind auch künstlerische Arbeiten, die mit den Händen ausgeführt werden, wie etwa Malen, etwas Gestalten oder ein Musikinstrument spielen.

Außerdem aktivierst und stimulierst du durch eine leichte Massage der einzelnen Finger die jeweiligen Chakren am ganzen Körper.

Fällt dir an der Hand einer anderen Person eine Besonderheit an einer ihrer Finger auf, kannst du dies in deine Sitzung einfließen lassen. Bei Verletzungen an der Handinnenfläche überprüfe ich immer, welches Chakra betroffen ist. So finde ich heraus, woher die Verletzung rührt.

DEUTUNGEN:

- Wurzelchakra: Sexualität / Sinnlichkeit
- Sakralchakra: Weiblichkeit / Männlichkeit leben
- Halschakra: Kommunikation
- Solarchakra: Urvertrauen
- Stirnchakra: Drittes Auge
- Herzchakra: Beziehungsfähigkeit / Liebe
- Kronenchakra: Spiritualität

Außerdem teile ich die Finger in drei Abschnitte ein und untersuche Verletzungen oder Narben auf ihre Position. Fingerspitzen verweisen auf die Zukunft, das Mittelgelenk auf die Gegenwart und das erste Fingerglied auf die Vergangenheit. Beim Kronenchakra auf der Handinnenfläche ist es genauso: Das erste Drittel von oben verweist auf die Zukunft, das mittlere auf die Gegenwart und das letzte auf die Vergangenheit. Verletzungen oder Narben im Wurzelchakra haben ihre Wurzeln in der Sexualität.

KONSISTENZ UND PHYSIS DER HAND

Als Nächstes möchte ich dich darum bitten, Hand anzulegen. Berühre die Hand der Person, der du liest, und taste nach der Konsistenz der Haut und des Gewebes. Du kannst die Bedeutungen auswendig lernen, oder aber du vertraust auf deine Intuition.

Du spürst vor allem dann deine Intuition, wenn ein Ereignis eintritt, das ihr entgegenläuft. Bestimmt hast du es schon einmal erlebt, dass dir jemand die Hand auf eine Art und Weise gedrückt hat, die gar nicht zu seinem Erscheinungsbild passte: also eine dünne, zart wirkende Frau, die zupackte wie ein Bauarbeiter, oder ein breiter, stämmiger Mann, dessen Hand sich so schlapp wie ein toter Fisch anfühlte. Welcher Eindruck ist in diesen Situationen bei dir entstanden? Was war deine Intuition – die so lange von dir nicht bemerkt wurde, bis sie der sinnliche Eindruck nicht bestätigte? Du kannst lernen, deiner ersten Eingebung, deinem Impuls oder Gefühl zu vertrauen und auf deine innere Stimme zu lauschen. Wie nimmst du eine Person wahr? Welchen Eindruck hinterlässt sie bei dir? Marschiert sie forsch in den Raum oder pirscht sie sich langsam an? Alles, was du auf sinnlicher, aber auch intuitiver Ebene wahrnimmst, ist wichtig, um sich ein Bild von einem anderen zu machen.

Kommen wir zurück zu der Hand, aus der du liest. Was spürst du, wenn du die Hand berührst? Wie fühlt sich die fremde Haut an? Ist sie zart oder rau? Was schließt du daraus auf das Wesen der Person dir gegenüber?

- weiche Hand: musische Begabung und Kreativität, Sensibilität und hohe Empfindsamkeit, Genussfreude
- feste Hand: Vitalität, Treue, Ernsthaftigkeit
- offene Hand mit gespreizten Fingern: Herzlichkeit, Offenheit
- geschlossene Hand: Introvertiertheit, Überlegtheit

● Ursprungs- oder Geldlinie
● Gefühlslinie
● Lebens- oder Vitallinie
● Schicksalslinie

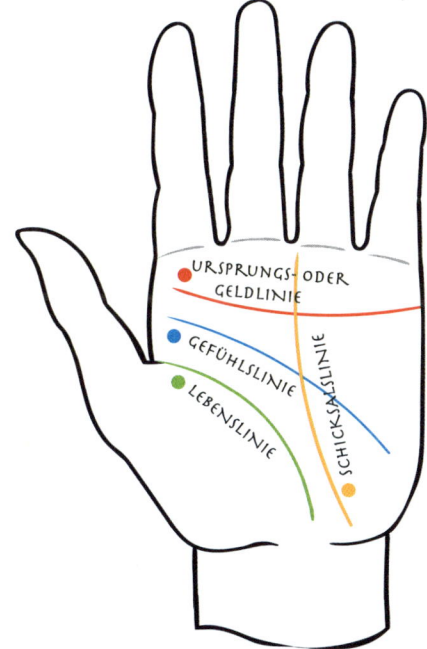

DIE WICHTIGSTEN HANDLINIEN

Du hast nun schon eine Menge über die Kunst, die Hand zu lesen, erfahren. Dabei hast du bislang nur die Hand der Person betrachtet, aus der du lesen möchtest. Was hast du wahrgenommen? Sind die Eigenschaften der Hand und das Verhalten der Person übereinstimmend? Falls nein: Was erzählt dir deine Beobachtung über dein Gegenüber?

Wende dich nun dem Inneren der Hand zu. Beim Handlesen arbeitet man sich, genau wie bei den anderen Methoden der Divination oder Mantik, also dem Wahrsagen, von der Vergangenheit über die Gegenwart bis in die Zukunft vor. Zunächst betrachtest du also alles, was bereits war, kommst dann zu dem, was gerade ist, und machst abschließend Prognosen über das, was kommen wird.

Wie auch der Fingerabdruck sind die Linien der Hand absolut individuell und existieren in ihrer jeweiligen Form nur einmal auf der Welt. Man liest immer aus der linken Hand, die mit dem Herzen verbunden ist.

Um die Linien auf deiner Hand besser zu erkennen, empfehle ich dir, vier unterschiedlich farbige Filzstifte zur Hand zu nehmen und die Linien damit nachzufahren.

Für das Lesen aus der Hand sind drei Hauptlinien und die Schicksalslinie von besonderer Bedeutung. Ich habe mein Wissen von den weisen Frauen gelernt und bin mir darüber im Klaren, dass es andere Ratgeber, Hexen und auch Quellen im Internet gibt, die die Linien anders benennen. Entscheide selbst, welcher Erklärung und Deutung du folgen möchtest.

Schau dir in der Hand, aus der du liest, einmal ganz genau an, welche der drei Hauptlinien am ausgeprägtesten ist: Ist es die Ursprungslinie, die Gefühlslinie oder die Lebens- und Vitallinie? Je nachdem, wie tief die Linie reicht oder wie gut sie zu sehen ist, lernst du einiges über die Bedeutung, die das jeweilige Lebensthema für die Person hat.

Die URSPRUNGS- ODER GELDLINIE, die oberste Linie der Hand, steht für Stabilität und den Bezug zu Materiellem – ein Dach über dem Kopf, gesicherte Verhältnisse, Einkommen und stabile Beziehungen. Ich nenne es die Ursprungsgefühle, vergleichbar mit den Sicherheitsbedürfnissen in Maslows Bedürfnispyramide, zu denen körperliche und seelische Sicherheit, materielle Grundsicherung, Arbeit, Wohnung und Familie gehören. Je sichtbarer die Linie, die unterhalb der Fingerwurzeln zwischen Zeige- und Mittelfinger entspringt und horizontal verläuft, desto mehr ist die Person auf Sicherheit bedacht – sowohl in Geldsachen als auch in einer Partnerschaft. Vermutlich ist sie leistungsorientierter und ehrgeiziger als eine Person mit einer schwach ausgeprägten Ursprungslinie. Eine tiefe, geradlinige Ursprungslinie zeigt dir, dass die Person ein bodenständiger Mensch ist, der an gesicherten Verhältnissen festhält und sich beständig zeigt. Je feiner, unruhiger oder verästelter die Linie, desto freiheitsliebender und instabiler ist die Person und desto weniger Wert legt sie auf Sicherheiten. Zudem gibt diese Linie Hinweise darauf, wie beruflich erfolgreich eine Person ist und welche Bedeutung die Arbeit in ihrem Leben einnimmt.

Die GEFÜHLSLINIE liegt direkt unter der Ursprungslinie und verläuft waagrecht über die Handinnenfläche. Sie ist wesentlich kürzer als die Ursprungslinie und endet oft unvermittelt. Ich nenne sie auch Kopf- oder Herzlinie, da sie viel über das emotionale Innenleben und den Verstand einer Person aussagt. Je nachdem, wie tief diese Linie ist, kannst du erkennen, ob du es mit einem Kopf- oder Herzmenschen zu tun hast. Da die Gefühlslinie auch für Konzentration und Urteilsvermögen, Verstand und Logik steht, kannst du an ihr gut feststellen, ob eine Person eher analytischer Denker oder kreativer Chaot ist. Eine gerade, eher tiefe Linie spricht für einen Verstandesmenschen, der oft wenig emotionale, jedoch pragmatische Entscheidungen trifft und immer zuerst seinen Kopf befragt. Ist die Linie geschwungen, abfallend, aufsteigend oder ungerade, aber auch fein, ist die Wahrscheinlichkeit größer, einem Menschen zu begegnen, der auf sein Herz hört.

Die LEBENS- ODER VITALLINIE beginnt am sogenannten kleinen Marsberg zwischen Daumen und Zeigefinger und läuft in einem großen Bogen in Richtung Handgelenk. Dabei beschreibt sie einen Halbkreis rund um den Venusberg. Leider wird fälschlicherweise oft angenommen, dass diese Linie etwas über die Lebensdauer aussagt – das stimmt jedoch nur bedingt. Tatsächlich ist anhand der sogenannten Daumenfurche zu erkennen, wie viel Energie eine Person hat und wie stabil die Gesundheit ist. Die Lebensdauer aber hängt von den Entscheidungen ab, die man trifft – denn auch diejenigen mit den besten Startbedingungen können ins Straucheln geraten, genauso wie Menschen, die es eigentlich schwerer haben müssten als andere, ein langes und erfülltes Leben haben können.

Oftmals trennen sich Wege von der Lebenslinie ab: Das bedeutet, dass es verschiedene Möglichkeiten gibt, das Leben zu gestalten. Jeder entscheidet für sich selbst, welchen Weg er gehen möchte. Sind Abtrennungen auf die linke Seite der Lebenslinie zu sehen, hat der alternative Weg mit privaten Entscheidungen zu tun. Abzweigungen und Verästelungen auf die rechte Seite verweisen auf berufliche Veränderungen, wie zum Beispiel ein Ortswechsel oder ein neues Projekt mit Menschen, die den eigenen Lebensweg beeinflussen. Sind tiefe Einkerbungen in der Lebenslinie zu sehen, kann dies auf große Umbrüche hindeuten: Trennungen, Abschiede, Umschwünge, aber natürlich auch Begegnungen, Geburten,

neue Wege und so weiter. Um hier mehr zu erfahren, befrage ich stets die Tarotkarten, die mir genauere Hinweise liefern, worum es sich handeln könnte.

Die SCHICKSALSLINIE verläuft im Gegensatz zu den Hauptlinien quer über die Hand und kreuzt häufig die anderen Linien. Sie gibt Auskunft über den persönlichen Werdegang und sagt am meisten über das eigene Leben aus. Je tiefer und stärker diese Linie ist, desto inniger werden Beziehungen, Berufe und Freundschaften gepflegt. Bei einer durchbrochenen und verzweigten Linie handelt es sich um eine Person, die oft reflektiert und immer wieder auf die Suche nach sich selbst geht. Je nachdem, welche der Hauptlinien von der Schicksalslinie gekreuzt werden, kann sie Einfluss auf die Bereiche Sicherheit, Gefühlswelt oder Vitalität der Person haben.

Bei den Kreuzungen ist es wichtig, genau zu betrachten, wo sich die Linien kreuzen: Im ersten Drittel haben die gegenseitigen Einflüsse von Schicksalslinie und Hauptlinien mit der Kindheit zu tun, im zweiten Drittel mit der Pubertät und dem jungen Erwachsenenleben, im letzten Drittel mit dem Leben als erwachsene Person.

DIE LINIEN DER HAND DEUTEN

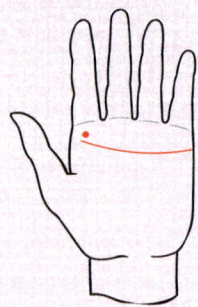 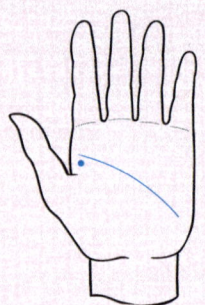

URSPRUNGS- ODER GELDLINIE

- **tiefe Ursprungslinie:** Pragmatismus, Sicherheitsdenken, möglicherweise Engstirnigkeit, Ursprungsangst vorhanden
- **feine Ursprungslinie:** Freiheitsliebe, Lossagung von Materiellem, auch Instabilität, Hinweis auf schlechtes Gedächtnis
- **Verästelungen/Brüche:** Schöpferkraft, Kreativität, aber auch Sprunghaftigkeit
- **geschwungene Ursprungslinie:** Kreativität, ausgeprägte Vorstellungskraft, aber auch Ablenkung
- **gerade Ursprungslinie:** Intelligenz, Konzentrationsvermögen, Fleiß, Verstand, Ratio, Logik

GEFÜHLSLINIE

- **kurze Gefühlslinie:** wenig Emotionalität und Mitgefühl, manchmal Oberflächlichkeit, jedoch hohes Maß an Loyalität
- **lange Gefühlslinie:** viel Empathie und Gefühl, manchmal »zu« aufopferungsvoll, hilft gerne und wird daher auch oft ausgenutzt
- **tiefe Gefühlslinie:** große Leidenschaft, aktives Liebesleben, Empfindsamkeit, gute Selbstwahrnehmung
- **schwache Gefühlslinie:** wenig Emotionalität, lässt sich nur schwer ein auf andere, jedoch auch ein guter Freund in schweren Zeiten
- **Verästelungen/Brüche:** mehrere Partnerschaften, auch Trennungen und Schmerz, lebt beruflich wie privat mehrere Leben
- **geschwungene Gefühlslinie:** offener Umgang mit Gefühlen
- **gerade Gefühlslinie:** weniger Offenheit, kontrollierte Gefühle

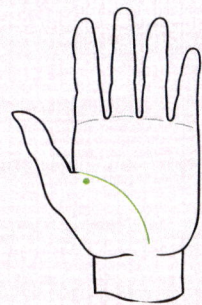

- geschwungene Lebenslinie: Durchsetzungsvermögen, hohe Flexibilität, Anpassungsfähigkeit und Spontaneität, Begeisterungsfähigkeit, Extrovertiertheit
- gerade Lebenslinie: Vorsicht, Zurückhaltung, Introvertiertheit, sehr bei sich, hochsensibel und reflektiert

LEBENSLINIE

- kurze Lebenslinie: geringe Vitalität, Hang zu Krankheiten, Lebens- und Existenzängste, jedoch auch Wertschätzung des Lebens und der Revitalisierung
- lange Lebenslinie: hohe Vitalität, Gesundheit, gute körperliche Konstitution, auch das dringende Bedürfnis, mehr Veränderung, Flexibilität und Lebensmut in das Leben zu ziehen
- breite Lebenslinie: aktives Immunsystem
- zahlreiche kleine parallele Linien: steigende Lebenskraft
- Gabelungen: mögliche Krankheiten oder gesundheitliche Probleme wie auch lebensverändernde positive wie negative Umbrüche (linksseitig: Weiblichkeit, Privatleben, Schwester- und Mutterthemen; rechtsseitig: Männlichkeit, Berufsleben, Bruder- und Vaterthemen)
- Verästelungen/Brüche: Hinweis auf große Veränderungen (in Vergangenheit, Zukunft oder Gegenwart, je nachdem, ob sie nach unten oder oben weisen oder auf gleicher Ebene bleiben)

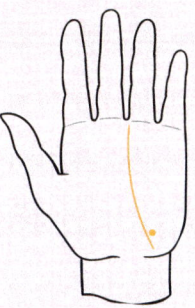

SCHICKSALSLINIE

- lange Schicksalslinie: frühe Eigenverantwortung und die Notwendigkeit, Geld zu verdienen, oft Führungspersonen
- tiefe Schicksalslinie: Erfolg im Beruf wie auch im Privatleben
- schwache Schicksalslinie: Ziellosigkeit, Orientierungslosigkeit, auch Wunsch nach Anerkennung und Wertschätzung, hohe Sensibilität
- Verästelungen/Brüche: Karriere mit Höhen und Tiefen, Veränderungen
- doppelte Schicksalslinie: mehrere Berufe, auch Studium nebenberuflich

EXKURS: AUS MEINER HAND GELESEN

Wie du siehst, ist meine Ursprungs- und Geldlinie ganz oben geradlinig und mit einigen Verästelungen. Meine Gefühlslinie indes wird in der Mitte von der Schicksalslinie durchbrochen und fortgeführt, und auch meine Lebenslinie weist zwei Wege auf. Die Schicksalslinie, vertikal verlaufend und Ursprungs- und Gefühlslinie kreuzend, hat einen Knick.

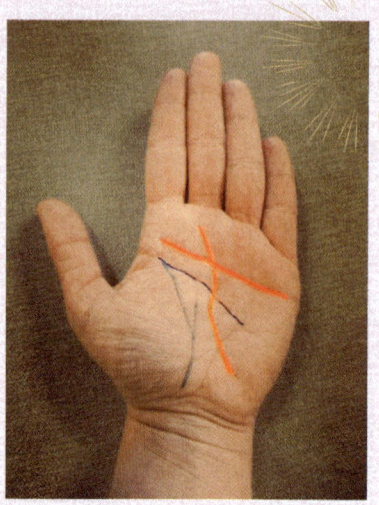

Abzweigungen weisen auf alternative Wege hin, die das Leben nehmen kann. Meine abzweigende Lebenslinie zeigt, dass ich in der Mitte meines Lebens entscheiden darf, ob ich so weitermache wie bisher und möglicherweise mit schwierigen Situationen fertigwerden muss. Da sie nach links abweicht, weiß ich, dass sich aus meinem Privatleben heraus eine Veränderung anbahnt, die Position verrät mir, dass diese Weggabelung in meinem Erwachsenenleben stattfinden wird, etwa in der Mitte meines Lebens. Verharre ich in meiner bisherigen Position, werde ich womöglich etwas kürzer leben, als wenn ich mich für einen Neuanfang entscheide. Wenn ich einen alternativen Lebensweg einschlage, kann es sein, dass dieser mich vielleicht meine Einstellung zum Materiellen kostet – das sieht man anhand der sich kreuzenden Linien. Außerdem ist ein feines Dreieck zu erkennen; dieses bedeutet, dass man grundlegend seine Meinung ändert. Wähle ich den alternativen Weg, werde ich mehr persönliche Freiheit erlangen und mit einem langen Leben belohnt.

Auch meine Gefühlslinie ist (von der Schicksalslinie) durchbrochen – und zwar zu einem sehr ähnlichen Zeitpunkt wie meine Lebenslinie, vielleicht sogar ein wenig später. Ich gehe davon aus, dass es ein einschneidendes Erlebnis in meinem Leben geben wird, das Auswirkungen auf meine Gesundheit und mein Denken hat.

Meine Schicksalslinie entspringt unterhalb des Mittelfingers und kreuzt Ursprungs- und Gefühlslinie. Es weist mich darauf hin, dass ich am Anfang meines Erwachsenenlebens Leistung und Erfolg als Lebensziele definiert habe, im Laufe meines Lebens aber zu der Erkenntnis gelange, dass mich der Leistungsgedanke nicht alt und glücklich macht.

Meine Schicksalslinie ist außerdem gewellt, dies zeigt, dass ich eine sehr flexible Person bin, die aber tendenziell in Extremen lebt.

HANDLESEKUNST: MEINE PERSÖNLICHE GEBRAUCHS-ANWEISUNG

Wie du auf den vergangenen Seiten gelernt hast, geht es beim Handlesen, genau wie bei jeder anderen Form der Divination, nicht darum, punktgenaue Vorhersagen zu treffen. Ich kann nicht wissen, was dir morgen um 16.00 Uhr widerfahren wird – oder welche Entscheidungen du in drei Jahren triffst. Jede Entwicklung deines Lebens wird von unzähligen Faktoren beeinflusst, die weder du noch ich heute kennen.

Das bedeutet allerdings nicht, dass es sinnlos ist, die Zukunft zu deuten. Jeder Mensch hat ein Lebensthema, das ihn begleitet – sei es die eine, wirkliche Liebe, berufliche Selbstverwirklichung oder Akzeptanz. Diese Lebensthemen werden durch das Handlesen sichtbar. Und auch, welchen Einfluss das Thema auf das Leben des Einzelnen nimmt.

Um souverän sagen zu können, was die Zukunft eines anderen oder auch deine eigene bereithält, brauchst du keine besonderen Fähigkeiten, sondern vor allem Intuition, Feingefühl und das, was wir in Österreich den Hausverstand nennen.

Als Handleser verkündest du keine Hiobsbotschaften. Halte dich zurück mit unheilbringenden Nachrichten – weder solltest du schlimme Krankheiten noch zerbrechende Beziehungen und erst recht nicht den Tod vorhersagen. Keiner lebt besser, nur weil er weiß, dass sein Dasein endlich ist. Das wissen wir alle!

Indem du jemandem prophezeist, dass er sterben oder erkranken wird, förderst du negative Energie. Weise stattdessen darauf hin, mehr auf die Gesundheit zu achten oder das Leben zu genießen. Betone das Positive!

Wenn du aus der Hand liest, nimmst du deinem Gegenüber keine Entscheidung ab und beeinflusst sie niemals. Die Person, der du aus der Hand liest, hat dir gestattet, einen sehr exklusiven Einblick in ihre Persönlichkeit und ihr Leben zu erhalten. Gehe sorgsam und umsichtig mit dieser Verantwortung um. Du bist eine helfende Hand und dafür da, um gemeinsam mit deinem Gegenüber Lösungen für eventuell aufkommende Probleme oder Herausforderungen zu finden. Das Handlesen ermöglicht dir, in sehr kurzer Zeit viele Informationen über eine Person zu erlangen. Nutze diese weise. Ermögliche deinem Gegenüber, dass es durch deine Erkenntnisse inspiriert und motiviert wird, den bisherigen Lebensweg weiter zu beschreiten oder zu verlassen. Ermuntere jeden dazu, ein Gestalter des eigenen Lebens zu werden! Die wichtigste Nachricht, die du bei jeder Handlese-Session an deinen Gast haben solltest, lautet nämlich:

Du hast dein Schicksal in der Hand

Anlässlich einer Silvesternacht vor einigen Jahren wirkte ich bei einer Art »Glücksmeile« mit. Auf einigen Hundert Metern standen, wie beim Weihnachtsmarkt, verschiedene Holzbuden, in denen Magiekundige die Karten legten, aus dem Kaffeesatz lasen, Horoskope fürs kommende Jahr berechneten – nur eine kundige Handleserin fehlte den Veranstaltern zu ihrem vollkommenen Glück.

Ich sagte zu und fand mich am 31. Dezember in einer der kleinen Holzhütten wieder. Dank der mitgebrachten Heizdecke und vielen Kerzen war es richtiggehend gemütlich bei mir, selbst wenn die Temperaturen auf der Straße eisig waren. Um 14 Uhr ging es los. In der ersten Stunde schlenderten die Leute an meiner Hütte vorbei. Dann schien sich herumzusprechen, dass ich irgendetwas richtig machte – denn plötzlich standen die Passanten Schlange.

Merkwürdigerweise hatte ich nicht das Gefühl, dass mich das Handlesen irgendwie ermüdete. Ganz im Gegenteil, es erfüllte mich mit einer positiven Energie und ließ mich vergessen, seit wie vielen Stunden ich schon in der kleinen Holzbude saß.

Ich las bis weit nach Mitternacht aus den Händen der Leute – und ich hätte noch länger machen können, denn ich war auch mitten in der Nacht noch fit wie ein Turnschuh. Insgesamt kam ich in dieser Silvesternacht auf 1500 Hände, aus denen ich die Zukunft gelesen hatte. Wie man sich denken kann, sind bei so vielen Händen in einer so knappen Zeit keine umfangreichen Detailfragen möglich. Es muss ganz schnell gehen: Frage, Hand anschauen, Antwort, der Nächste bitte. Das entspricht natürlich nicht der gängigen Praxis, in der man sich auf das Gegenüber einlässt, die Intuition befragt, in Beziehung geht und so weiter. Aber es war trotzdem interessant!

Bei einem Mann schaute ich mir die Lebenslinie an und sagte dann knapp: »Du solltest die Kündigung nächste Woche unterschreiben.«

Er starrte mich verblüfft an. »Woher weißt du, dass ich kündigen will?«

Ich zeigte auf seine Hand. »Da steht's. Der Nächste!«

Einer Frau riet ich: »Du kannst das Kind bekommen. Es steht unter einem guten Stern.«

Ihr klappte der Mund auf. »Ich bin doch gar nicht schwanger!«

Ich schaute noch einmal in ihre Hand. »Aber sicher. Und du solltest das Kind bekommen.«

Zwei Wochen später schrieb mir diese Frau eine Mail. »Liebe Birgit«, schrieb sie, »ich kann es selbst noch nicht glauben, aber ich bin im dritten Monat schwanger, und ich habe nichts gemerkt! Danke für deine Einschätzung – ich werde das Baby bekommen.«

DIE KRÄUTERHEXE: LISBETH NYPAN

Lisbeth Nypans Geburtsjahr ist nicht bekannt, sie lebte jedoch im 17. Jahrhundert in Leinstrand, Norwegen. Vermutlich hatte sie mit ihrem Mann Ole mehrere Kinder. Lisbeth, die unter dem Namen Elisabeth Pedersdatter geboren wurde, war eine Volksheilerin. Als gläubige Christin lebte sie die Zehn Gebote und war in der Gesellschaft anerkannt. Viele Leute kamen mit Krankheiten und Beschwerden zu ihr, weil sie den Ruf hatte, eine sogenannte Kräuterheilerin zu sein. Sie arbeitete mit Naturmedizin und setzte Heilpflanzen bei ihren Behandlungen ein.

Da sie in einer Zeit lebte, in welcher viele Menschen abergläubig waren, führte ihre Heilkunst auch zu Misstrauen. Man sagte ihr nach, mit Methoden der schwarzen Magie zu hantieren, und befürchtete, dass sie ihr Wissen einsetzen könnte, um böse Absichten zu verfolgen. Da ihr Gatte ein streitbarer Mann war, legte er sich oft mit anderen an. Wenn in der Folge dann Mensch oder Vieh erkrankten, lag die Erklärung nahe: Lisbeth hatte sie verhext.

Im Jahr 1670 begannen die Ermittlungen gegen Lisbeth und Ole. Zunächst beschuldigte man sie der Verleumdung, doch bald kam man in der Gerichtsverhandlung zum Kern der Vorwürfe: Lisbeth habe einen Pakt mit dem Teufel geschlossen. Es dauerte nicht lang, bis die beiden Eheleute verurteilt wurden. Ole wurde enthauptet, Lisbeth auf dem Scheiterhaufen an der Wand des Erzbischofpalastes von Trondheim verbrannt. Sie war eine der letzten Hexen, die in Norwegen im Zuge der Hexenverfolgung sterben mussten.

ZAUBERHAFTE NATUR- UND KRÄUTERLEHRE

Das Glück wächst und blüht
am Wegesrand, vorausgesetzt, man
ist auf dem richtigen Weg.

Autor unbekannt

KRÄUTER: NATÜRLICH UND GUT

Ein altes Sprichwort lautet: »Dagegen ist kein Kraut gewachsen!« Doch im Normalfall wächst gegen fast alles ein Kraut. Tatsächlich wissen Hexen, dass die Natur ein wahres Füllhorn an Wirkstoffen für nahezu jede Verwendung ist. Selbst das unbedeutendste Unkraut verfügt oft über eine Heilkraft – nur haben wir Menschen der modernen Zeit vergessen, wie uns diese Pflanzen helfen können.

Vor etwa zwanzig Jahren habe ich angefangen, mich gezielt mit der Welt der Pflanzen auseinanderzusetzen. Die Herbonautik ist mittlerweile zu einem meiner Spezialgebiete geworden. Das bedeutet für mich, dass ich das Bewusstsein und die Sensitivität der Pflanzen wahrnehme und spüre, was eine Pflanze auf den verschiedensten Ebenen tut.

Jede Pflanzenart ist anders und hat ihren eigenen Charakter. Während der Ausbildung in der Hexenschule Wien schulen wir unsere Schülerinnen darin, in die freie Natur zu gehen und sich mit den Pflanzen zu verbinden. Es gibt verschiedene Methoden, wie man lernen kann, ihnen zuzuhören und sie wahrzunehmen – denn auch bei Pflanzen handelt es sich um Lebewesen.

Die »Zauberhafte Natur- und Kräuterlehre« will dich der Heilkraft der Natur und der Kräuter näherbringen. Ich möchte dir zeigen, wie man mit den Kräutern umgeht, welche Kräuter in meiner Hausapotheke nicht fehlen dürfen, wie ich sie anwende und welche Wirkung sie haben. Darüber hinaus erfährst du einiges über ihren mystischen Hintergrund. Nicht zuletzt verrate ich dir ganz persönliche Beauty-Geheimnisse aus meinem Leben als Kräutervenus. So nenne ich Frauen, denen es gelungen ist, sich wieder mit der Natur zu verbinden und sie für sich zu nutzen.

MEIN KRÄUTER-HEXENWISSEN

Meine Liebe zu den Kräutern begann mit meiner Großmutter. Sie war eine Kräuterhexe, die in den Wäldern der Steiermark wirkte und immer eine Ringelblumensalbe im Kühlschrank hatte – zumindest in meiner Erinnerung. Mit ihr bin ich durch die Wälder gezogen, um wilde Beeren zu sammeln und Kräuter zu pflücken. So ist es nicht verwunderlich, dass ich irgendwann selbst darauf kam, mir den Weg in die Apotheke zu sparen und eine eigene Naturapotheke bei mir zu Hause anzulegen.

Ich begann mit einfachen Balkonpflanzen. Auf Reisen hatte ich Samen auf Märkten gekauft oder selbst gesammelt, und diese pflanzte ich in den Rabatten vor meinem Fenster an – mal mit mehr, mal mit weniger Erfolg. In den ersten Jahren versuchte ich mich auf allen Gebieten: Ich braute Aphrodisiaka, Liköre und erstellte Räucherwerk. Dabei hielt ich mich zunächst an die Pflanzen, die ich kannte, und entdeckte dann die Vielfalt der Flora. Efeu zum Beispiel war für mich früher etwas Giftiges, heute ist er eine meiner Lieblingspflanzen gegen Cellulite. Mein gesamtes Hexenwissen habe ich letztlich von meiner Großmutter und ihren Hexenfreundinnen geerbt. Sie kannte Pflanzen, die mir vollkommen unbekannt waren, mixte Tinkturen, die binnen Minuten ihre Wirkung entfalteten, und zeigte mir Rituale, die Menschen wieder mehr Hoffnung in ihrem Leben geben können. Vor allem aber zeigte sie mir die unterschiedlichen Heilgewächse und Kräuter.

WAS SIND ÜBERHAUPT KRÄUTER?

Unter dem Begriff »Kräuter« fasst man verschiedene Pflanzen zusammen, die über einen Nutzwert verfügen. Sicher kennst du Küchenkräuter, einige Gewürzkräuter und vielleicht auch schon ein paar Heilkräuter. Letztere bilden die Grundlage für Arzneimittel auf natürlicher Basis oder sind selbst wie eine Arznei zu verwenden.

Es gibt jedoch keine klare Definition, was Kräuter sind, denn es handelt sich um keinen botanischen Begriff. Manche Kräuter werden vorwiegend als Gewürze verwendet (wie etwa Rosmarin, Schnittlauch oder Salbei), andere eher als Heilpflanze eingesetzt (zum Beispiel Ringelblume, Arnika oder Mariendistel).

Neben den positiven Wirkungen, die Kräuter haben können, müssen natürlich auch die Giftkräuter erwähnt werden. Hier entscheidet beinahe immer die Dosis über die toxische Wirkung: Manche sind in kleinen Mengen verabreicht nämlich vollkommen ungefährlich, während bei anderen schon eine Messerspitze reichen würde, um uns in die ewigen Jagdgründe zu befördern. Bei vielen Giftkräutern handelt es sich deswegen – in der richtigen Menge – um Heilkräuter.

In unseren milden Breiten wachsen Kräuter in so ziemlich jedem Garten oder im Blumentopf auf dem Balkon. Ursprünglich kommen die meisten dieser Pflanzen aber aus dem Mittelmeerraum. Dies erklärt auch, warum sie in der Regel eine trockene Lage und viel Sonne benötigen.

Die meisten Pflanzen, die in diesem Kapitel Erwähnung finden, kannst du ganz einfach zu Hause ziehen, in einer Rabatte am Fenster oder in deinem Garten. Auch in der Natur findest du jede Menge Gewächse, die dir einen guten Dienst leisten können. Wichtig ist nicht, dass du die gesamte Bandbreite aller Heilpflanzen selbst aufziehst. Aber ich wünsche mir, dass du einen liebevollen und bewussten Umgang mit diesen wunderbaren Geschöpfen pflegst. Wir Hexen glauben nämlich daran, dass in jedem Gewächs ein Pflanzengeist wohnt, bei dem wir uns bedanken, wenn wir die Pflanze ernten.

WIRKSTOFFE, ERNTE UND ZUBEREITUNG

Frische Pflanzen haben mehr Wirkstoffe als getrocknete – wenn du also die Möglichkeit hast, mit frischen Blüten und Blättern zu arbeiten, solltest du diese immer nutzen!

In natürlichen Kräutern stecken jede Menge wunderbarer Stoffe, die du für deine Gesundheit oder die Behandlung deines Körpers einsetzen kannst. Sie enthalten:

- ätherische Öle
- Antioxidanzien (die helfen beim Abbau von Schadstoffen im Körper)
- krebsvorbeugende und -bekämpfende Inhaltsstoffe
- entzündungshemmende Inhaltsstoffe
- antibakterielle Inhaltsstoffe

Natürliche Heilkräuter lassen sich fast das ganze Jahr über ernten. Oft ist die Ernte um die Mittagszeit am besten, da die Blüte dann weit geöffnet ist. Der Morgentau ist besonders wirksam – sammle ihn, sofern es dir gelingt, in einem kleinen Gläschen und tupfe ihn zweimal am Tag auf deine Haut. Bald schon wirst du aussehen wie eine junge Göttin!

Aus fast jeder Heilpflanze lässt sich etwas herstellen. Die drei einfachsten Zubereitungen, die Grundlage vieler weiterer Rezepte sind, lauten: Tee, Tinktur und Ölauszug. Dafür brauchst du nichts weiter als einige leere, ausgespülte (am besten ausgekochte) Gläser mit Schraubverschluss, Flaschen und viel Geduld. Es dauert nämlich eine Weile, bis sich die Wirkstoffe der Pflanzen aus dem Alkohol (Tinktur) oder dem Öl gelöst haben und in die Trägerflüssigkeit übergegangen sind.

Ob Tinktur oder Öl, das Vorgehen ist immer dasselbe. Du erntest eine Pflanze, zerkleinerst sie und übergießt sie mit dem Trägerstoff. Dann kommt die Zeit des Wartens und Schüttelns. Ich schüttele meine Auszüge und Ansätze täglich und bespreche sie mit liebevollen und heilenden Gedanken. Meine Pflanzenauszüge lasse ich meist von Neumond bis Vollmond (zwei Wochen) oder bis zum nächsten Neumond (vier Wochen) ziehen, bevor ich sie abfiltere.

Hierfür nehme ich ein gewöhnliches Sieb, lasse die Flüssigkeit einmal durchlaufen und filtere somit alle Feststoffe heraus. Bei manchen Tinkturen und Ölen, die sehr viele ätherische Stoffe enthalten, braucht man mehrere Filtervorgänge. Nicht verzagen, einfach ausprobieren!

Was mich immer wieder fasziniert, ist das Farbenspiel bei der Naturapotheke: Weiße Baldrianwurzel verwandelt sich in ein schönes Rotbraun, grüne Passionsblume verliert ihre Farbe, und das Johanniskraut wird blutrot.

Grundrezept für Tinkturen

Die wertvollen Inhaltsstoffe eines Heilkrauts lassen sich sehr gut in einer Tinktur extrahieren. Darunter versteht man einen alkoholischen Kräuterauszug, der im Handumdrehen hergestellt wird und sich sehr gut für die Weiterverarbeitung zu Cremes, Säften und Tropfen eignet. Vergewissere dich aber, dass Menschen, denen du die Tinktur verabreichen möchtest, kein Suchtthema mit Alkohol haben und alt genug sind, um diesen zu konsumieren – auch in kleinen Mengen.

UM EINE TINKTUR HERZUSTELLEN, BRAUCHST DU:

- Kräuter deiner Wahl
- Alkohol (aus der Apotheke)
- leere, ausgekochte Schraubgläser
- oder Tinkturflaschen
- ein Sieb zum Abseihen der Pflanzenreste (auch ein Nussmilchbeutel, ein Kaffeefilter oder ein Teesieb funktionieren hervorragend)
- kleine Fläschchen (am besten aus Braunglas, das den Inhalt vor Sonneneinstrahlung schützt)

UND SO GEHST DU VOR:

1. Du säuberst deine Kräuter und zerkleinerst sie, falls es notwendig ist – denn je kleiner sie sind, desto schneller ist der Auszug fertig.
2. Fülle die Pflanzenteile dann in ein sauberes Glas und gib den Alkohol dazu, sodass alle Heilkräuter bedeckt sind.
3. Lass die Tinktur nun an einem dunklen, kühlen Ort ziehen. Einmal täglich solltest du das Glas schwenken, denn so lösen sich die Wirkstoffe schneller aus den Pflanzen.
4. Achte unbedingt darauf, dass sich kein Kondenswasser im Deckel bildet. Falls es dennoch passiert, tupfe das Wasser mit einem sauberen Tuch ab und stell das Glas an einen kühleren Ort.
5. Die fertige Tinktur kannst du durch einen Filter oder einen Nussmilchbeutel abseihen und anschließend in eine Flasche umgießen.
6. Die Tinkturen sind aufgrund des Alkoholgehalts sehr lange haltbar. Wer auf den Alkohol verzichten möchte, wählt stattdessen einen geschmacksneutralen Branntweinessig.

Der richtige Alkoholgehalt

Für zarte Blätter und Blüten sollte der Alkoholgehalt 40 % betragen, bei festeren Blättern, Kräutern und Früchten 60 %, bei Wurzeln und Rinden 90 %.

Grundrezept für Ölauszüge

Naturkundige sprechen von einem Ölauszug, wenn sie Heilkräuter, vor allem die Blüten, in ein mildes Oliven- oder Mandelöl einlegen, die den Pflanzen die öllöslichen Wirkstoffe »entziehen«, welche anschließend in das Öl übergehen. Besonders bei Heilkräutern, die für die Kosmetik oder die äußere Behandlung eingesetzt werden, eignen sich Ölauszüge hervorragend. Du kannst sie zu Massageölen, Haarkuren, Cremes, Salben und Seifen weiterverarbeiten.

UM EINEN ÖLAUSZUG HERZUSTELLEN, BRAUCHST DU:

- Kräuter deiner Wahl
- Basisöl (kalt gepresstes Oliven- oder Mandelöl)
- leere, ausgekochte Schraubgläser oder Flaschen
- ein feines Sieb zum Abseihen der Pflanzenreste
- kleine Fläschchen (am besten aus Braunglas)

UND SO GEHST DU VOR:

1. Du säuberst deine Kräuter und zerkleinerst sie, falls es notwendig ist – denn je kleiner sie sind, desto schneller ist der Auszug fertig. Achte darauf, dass sie trocken sind, denn so reduzierst du den Wasseranteil in deinem Ölauszug, was die Haltbarkeit verlängert.

2. Schichte die Pflanzenteile in ein sauberes Glas und übergieße sie mit dem Basisöl deiner Wahl, sodass die Pflanzenteile gut bedeckt sind.

3. Lass den Ölauszug an einem warmen, hellen Ort etwa vier Wochen ziehen. Vermeide dabei direktes Sonnenlicht (die einzige Ausnahme ist Johanniskraut!) und achte darauf, dass der Raum nie wärmer als 40 °C wird.

4. Schwenke jeden zweiten Tag das Glas, damit du Schimmelbildung vorbeugst und sich die Wirkstoffe besser lösen.

5. Falls sich Kondenswasser bildet: Bitte vorsichtig mit einem trockenen Tuch aus dem Deckel tupfen und das Glas an einen kühleren Ort stellen.

6. Den fertigen Auszug kannst du durch ein feines Sieb abseihen und anschließend in eine Flasche umgießen.

DIE MAGISCHEN ZWÖLF

Es gibt zwölf heimische Gewächse, die meiner Meinung nach in keiner Hexenküche fehlen dürfen. Du findest sie am Wegesrand und auf Wiesen, kannst sie aber auch spielend leicht in deinem Garten oder auf dem Balkon selbst ziehen. Damit du weißt, was diese magischen Gewächse alles draufhaben und wie du sie einsetzen kannst, stelle ich dir auf den nächsten Seiten diese Pflanzen kurz vor und gebe dir einige einfache Rezepte für die äußere wie innere Gesundheit mit auf den Weg.

BRENNESSEL
ANREGEND
JUNI BIS OKTOBER

WEISSDORN
STÄRKEND
APRIL BIS AUGUST

FRAUEN-
MANTEL
LINDERND
APRIL BIS SEPTEMBER

SPITZWEGERICH
SCHMERZ-
LINDERND
MAI BIS OKTOBER

JOHANNIS-
KRAUT
AUFHELLEND
JUNI BIS OKTOBER

SCHAFGARBE
MILDERND
APRIL BIS SEPTEMBER

DIE
MAGISCHEN
ZWÖLF

HAGEBUTTE
STÄRKEND
MAI BIS SEPTEMBER

SALBEI
ENTZÜNDUNGS-
HEMMEND
JUNI BIS SEPTEMBER

LAVENDEL
BERUHIGEND
JUNI BIS AUGUST

RINGELBLUME
HEILEND
JUNI BIS OKTOBER

MELISSE
BESÄNFTIGEND
JUNI BIS AUGUST

MARIENDISTEL
ENTKRAMPFEND
MAI BIS ANFANG SEPTEMBER

KRAFT UND MYSTIK DER HEXENKRÄUTER

Im Mittelalter wurden viele kräuterkundige Frauen verbrannt, da sie ein großes Wissen rund um die besondere Heilkraft von Pflanzen und Kräutern hatten. Leider ist deshalb vieles von dem alten Kräuterwissen verloren gegangen. Nur noch wenige Aufzeichnungen geben Auskunft darüber, welche mystischen Hintergründe Kräuter und Pflanzen haben.

Die Zeit, in der wir leben, ist geprägt von psychischen Erkrankungen. Viele Menschen beklagen, dass sie sich oft schlapp und energielos fühlen. Gründe für diese fehlende Energie gibt es sicher viele. Ich bin jedoch davon überzeugt, dass unsere mangelnde Erdung einen wichtigen Aspekt ausmacht. Die Pflanzen und Kräuter, die ich dir jetzt vorstelle, haben die Fähigkeit, uns wieder in unsere Mitte zu bringen und zu erden. Davon abgesehen werden sie seit Menschengedenken dazu verwendet, um Kontakt mit den Göttern aufzunehmen und in andere Bewusstseinsräume einzutauchen.

BRENNNESSEL – VERBINDUNGSKRAUT ZUR ANDERSWELT

Es gibt wohl keine Pflanze, die so bekannt für ihr Brennen ist wie die Brennnessel. Ihr wird nachgesagt, dass sie dich vor einer bösen Menschenhand und vor Krankheiten von Tieren schützt.

Schmetterlinge lieben die Brennnessel aufgrund ihrer Inhaltsstoffe. So, wie es verschiedene Schmetterlingsarten gibt, existieren unterschiedliche Brennnesselarten, denn jeder Schmetterling bevorzugt eine andere Brennnesselart. Tier und Pflanze gehen eine wunderbare Symbiose miteinander ein, wovon wir Menschen nur lernen können.

Auf mystischer Ebene wird der Brennnessel nachgesagt, dass Verstorbene über den Brennnesselstrauch zu uns in die reale Welt kommen können. Das erklärt, warum hinter alten Hexenhäusern fast immer Brennnesselsträucher wuchsen. An diesem Ort konnten Kundige Rituale vollziehen, um mit den Verstorbenen in Kontakt zu treten, denn die Brennnessel ist die Brücke zwischen der Anderswelt und unseren Sphären.

Brennnesseln wachsen wirklich überall – und so ziemlich jeder von uns hat schon einmal gespürt, was für ein wehrhaftes Gewächs es ist. Allerdings können sie nicht nur Schmerzen bereiten, sondern wirken sehr durchblutungsfördernd. Speisen, in denen Brennnesseln enthalten sind, wirken anregend und sind äußerst delikat. Auch die Brennnesselsamen sind sehr bekömmlich, zum Beispiel als Beigabe in Müsli oder Tee. Sie enthalten viel Eiweiß, Eisen und wichtige Fettsäuren. Du bekommst sie im gut sortierten Reformhaus oder erntest sie selbst und lässt sie anschließend trocknen. Du erkennst sie leicht, denn sie hängen in großen Stauden von der Pflanze herab.

Damit du bei der Ernte der Blätter keine Verbrennungen erleidest, ist es ratsam, dicke Handschuhe zu tragen und nicht die einzelnen Blätter, sondern den ganzen Stängel abzuschneiden. Streichst du die Blätter von unten nach oben, bleiben die feinen Härchen auf der Oberseite intakt – die »giftige« Flüssigkeit tritt somit nicht aus. Achte bei der Ernte darauf, Pflanzen zu nehmen, die im Schatten wachsen, denn diese haben weniger Brennhaare. Die beste Erntezeit ist Mai bis Juni.

Möchtest du die Brennnessel roh essen, zum Beispiel in einem Salat, solltest du die Blätter vorher kurz mit einem Nudelholz durchwalken oder in warmes Wasser einlegen, in ein Tuch einwickeln und anschließend gut auswringen. So tritt aus den Brennhaaren die Flüssigkeit aus, und die Brennnessel ist verzehrbar.

BRENNNESSELTEE

WAS DU BRAUCHST:
frische Brennnesseln

UND SO GEHST DU VOR:
Der einfachste Weg, Brennnesseln zu verarbeiten, ist, die Blätter mit kochendem Wasser aufzugießen und einige Minuten ziehen zu lassen. Der Tee schmeckt nicht nur lecker, sondern wirkt antibakteriell. Darüber hinaus spült er deine Nieren und deine Blase sehr gut durch, was insbesondere bei Harnwegsinfekten oder einer Reizblase Wunder wirken kann.

BRENNNESSELKUR ZUR STÄRKUNG

WAS DU BRAUCHST:
2 EL Brennnesselsamen
4 EL Honig
3/4 l Weißwein

UND SO GEHST DU VOR:
Gib die Samen und den Honig in einen guten Weißwein, verschließe die Flasche und lass das Gemisch drei Wochen lang auf dem Fensterbrett stehen. Einmal am Tag darfst du die Mischung schwenken. Nach der Ziehzeit gibst du den Wein durch ein feines Sieb, damit die Feststoffe ausgeseiht werden. Trinke jeden Tag ein Schnapsglas von der Brennnesselkur und sorge so für ein starkes Immunsystem.

BRENNNESSEL-HAARKUR

WAS DU BRAUCHST:

1 Handvoll frische Brennnesselblätter
1 TL Kokosöl
25 ml Wasser
3 EL Kaffeesud (bei dunklem Haar) bzw.
1 Eigelb (bei blondem Haar)
1 EL Honig

UND SO GEHST DU VOR:

Zerkleinere die Brennnessel und über-
schütte sie mit kochendem Wasser. Filtere
die Flüssigkeit durch ein Sieb und fülle den
Sud in eine leere Shampooflasche. Mische
anschließend die restlichen Zutaten dazu
und schüttle alles gut durch. Verteile die
Kur im feuchten Haar und lass sie fünfzehn
Minuten einwirken. Anschließend gut ausspülen.

EINFACHE BRENNNESSELSUPPE

WAS DU BRAUCHST:

250 g frische Brennnesselblätter
1 Zwiebel
2 EL Butter
500 ml Gemüsebrühe
Salz, Pfeffer, Muskatnuss und Sahne nach
Belieben

UND SO GEHST DU VOR:

Achte bei der Ernte darauf, dass du junge
Blätter aussuchst. Die Pflanze deiner Wahl
sollte idealerweise nicht höher als zwanzig
Zentimeter sein.
Zupfe die Blätter vom Stängel und wasche
sie vorsichtig, dafür empfehle ich dir, Gum-
mihandschuhe zu tragen. Schneide die
Zwiebel in feine Würfel und schwitze diese
in der Butter an. Gieße anschließend die
Gemüsebrühe auf. Lass das Ganze zehn bis
fünfzehn Minuten köcheln und püriere die
Blätter mit einem Zauberstab. Schmecke
anschließend mit den Gewürzen und der
Sahne ab.

FRAUENMANTEL – KRAUT DER VERLORENEN WEIBLICHKEIT

In der Renaissance glaubte man, dass Frauen durch den Frauenmantel ihre Jungfräulichkeit und die jugendliche Schönheit wiedererlangen könnten. Der Frauenmantel lieferte einen leuchtend grünen Farbstoff, der damals auch zum Färben von Wolle verwendet wurde. Das Interessante aber ist, dass man sich unter Einnahme von Frauenmantel die Gaben und Talente der Ahnen sichern konnte, vor allem der weiblichen Ahnenlinie. Das war auch der Grund, weshalb ich immer ein Frauenmantel-Kräuterkissen von meiner Großmutter zum Einschlafen erhielt. Alte Hexen benutzten den Frauenmantel, um Umstellungen in den Wechseljahren auszugleichen, denn er ist das ideale Weiblichkeitskraut und wird bis heute bei vielen Weiblichkeitszaubern hinzugezogen.

Der Frauenmantel hat seinen Namen nicht von ungefähr: Vor allem bei gynäkologischen Beschwerden wird er bis heute gern eingesetzt – aber er hat noch viele andere Anwendungsgebiete. Er enthält Phytohormone, die dem Progesteron sehr ähnlich sind, und bringt dich durch seine Wirkung zurück in deine Weiblichkeit. Auch wenn du manchmal Probleme mit dem Unterleib hast, wirkt er sich positiv auf dein Wohlbefinden aus. Er wirkt heilend, kräftigt deine weiblichen Organe und wirkt entspannend während der Menstruation. Auf Männer hat er eine potenzsteigernde Wirkung. Meist wird der Frauenmantel als Tee konsumiert, seltener in Salat und Gemüse.

Die Blüten des zarten Gewächses sind gelbe Rispen, in seinen kelchartigen Blättern sammeln sich am Morgen die kostbaren Tautropfen, die du wie die Pflanze selbst ernten und verwenden kannst.

SOFORTHILFE BEI SCHWELLUNGEN

WAS DU BRAUCHST:
1 Blatt des Frauenmantels

UND SO GEHST DU VOR:
Ernte ein einzelnes Blatt und zerreibe es zwischen den Fingern, bis der Saft heraustritt. Gib diesen auf die Schwellung oder auch den blauen Fleck und bedecke die betroffene Stelle mit dem Blatt. Lass es zehn bis fünfzehn Minuten dort liegen.

SITZBAD MIT FRAUENMANTEL

WAS DU BRAUCHST:
300 g Blüten und Blätter
des Frauenmantels

UND SO GEHST DU VOR:
Übergieße die Pflanzenteile mit zwei Liter
kochendem Wasser und lass die Mischung
fünfzehn Minuten ziehen. Währenddessen lässt du dir ein Vollbad ein und gibst
anschließend den Sud ohne Pflanzenteile
ins Wasser. Das Bad stärkt deine Becken-
muskulatur und hat wundheilende Fähigkeiten. Darüber hinaus wirkt Frauenmantel hautstraffend und fördert die
Durchblutung.

FRAUENMANTEL-GESICHTSWASSER

WAS DU BRAUCHST:
3 TL frische Blüten und Blätter vom
Frauenmantel

UND SO GEHST DU VOR:
Übergieße die Pflanzenteile mit heißem
Wasser und lass das Ganze fünfzehn Minuten ziehen. Filtere anschließend die Blätter
und Blüten heraus. Sobald der Sud abgekühlt ist, kannst du ihn auf ein Wattepad
oder eine Kompresse geben und auf dein
Gesicht legen, bis der Stoff ganz erkaltet
ist. So gehst du gegen Hautunreinheiten
vor und verlangsamst den Alterungspro-
zess deiner Haut.

VAGINALKOMPRESSEN MIT FRAUENMANTEL

WAS DU BRAUCHST:
1 EL Blüten und Blätter
des Frauenmantels

UND SO GEHST DU VOR:
Gieße die Pflanzenteile mit 250 Milliliter
kochendem Wasser auf und lass alles gut
durchziehen. Tunke anschließend Kompressen in den Sud und lege die Kompressen auf deine Schamlippen. So kannst du
einem übermäßigen Scheidenausfluss vor-
beugen und bringst deine Scheidenflora
wieder ins Gleichgewicht. Für ein ideales
Ergebnis spülst du deine Vagina anschließend mit dem Sud aus. Du kannst auch
Tampons im Sud tränken und vaginal einführen. So reinigst du gut und sicher deine
Flora.

*Vermischst du die Blätter und Blüten des
Frauenmantels mit Schafgarbe und berei-
test dir damit einen Tee zu, wirkt er bei täg-
lichem Verzehr entzündungshemmend und
wird deine Haut sichtbar reiner machen.*

JOHANNISKRAUT – SCHUTZKRAUT GEGEN TEUFEL UND DÄMONEN

In der Hexensprache wird das Johanniskraut als das Dämonen- und Teufelskraut bezeichnet. Laut alter Aufzeichnungen soll es unter dem Kreuz gewachsen sein, unter dem Jesus Christus hing, wobei jede Blüte einen Tropfen des Blutes Christi auffing. Der Saft der Pflanze ist nämlich rot.

Früher glaubten Hexen daran, dass das Johanniskraut ein Mittel gegen schwarze Magie sei. Außerdem wirkt dieses Kraut bei vorzeitigem Altern und als natürliches Antidepressivum.

Das Johanniskraut ist in Deutschland weit verbreitet. Es blüht von Juni bis August mit einer gelben Blüte, deren charakteristische Eigenschaft ist, dass ein blutroter Saft austritt, wenn man Blüten und Knospen zerdrückt. Die Blätter haben einen würzigen, aromatischen Geschmack und regen den Stoffwechsel an. Die Pflanze wird gern bei depressiven Verstimmungen eingesetzt, sie hat einen ausgleichenden Einfluss auf die Psyche. Körperlich hilft es unter anderem bei Östrogenmangel. Hierbei solltest du die Blüten und die oberen Blätter des Krauts verwenden. Aber Achtung: Bei zu großem Verzehr kann das Johanniskraut die Wirkung der Antibabypille beeinträchtigen!

Das Johanniskraut bringt wieder mehr Leichtigkeit in dein Gemüt und entspannt dein Nervensystem. Außerdem wirkt es anregend auf deine Sexualorgane und macht dich empfindsamer.

JOHANNISKRAUTTEE

WAS DU BRAUCHST:
1 TL Johanniskraut

UND SO GEHST DU VOR:
Zerkleinere die Pflanzenteile und gieße sie mit kochendem Wasser auf. Nach fünf bis zehn Minuten Ziehzeit ist der Tee gut. Er wirkt bei ein bis zwei Tassen täglich stimmungsaufhellend und nervenstärkend. Bei einem unregelmäßigen Zyklus den Tee mit einigen Blättern Frauenmantel ergänzen und täglich eine Tasse trinken.

Äußerlich angewandt hilft der Sud bei Verstauchungen oder auch einem Hexenschuss. Tränke dafür Kompressen im erkalteten Tee und lege diese auf die schmerzenden Körperstellen.

JOHANNISKRAUTÖL BEI SCHMERZEN UND VER-SPANNUNGEN

WAS DU BRAUCHST:

1 gute Handvoll Blüten, Knospen und Blätter des Johanniskrauts (etwa die oberen 15 cm der Pflanze)
200 ml Oliven- oder Mandelöl

UND SO GEHST DU VOR:

Entferne die Blätter, Blüten und Knospen vom Stiel, lass sie kurz trocknen und zerkleinere sie anschließend. Gib alles in ein Glas mit Schraubverschluss und fülle die Mischung mit Öl auf. Lass nun das Glas zwei bis drei Tage in der Sonne stehen – gib dabei acht, dass im Deckel kein Kondenswasser entsteht, da die Flüssigkeit sonst leicht zu schimmeln anfängt. Öffne hierfür einmal am Tag den Deckel und tupfe das Kondenswasser mit einem sauberen Tuch ab.

Anschließend darf das Öl an einem sonnendurchfluteten Ort drei bis vier Wochen ziehen. Filtere anschließend die groben Teile aus dem Öl und fülle die Mischung in dunkle Gläser ab.

Das Öl eignet sich hervorragend für Massagen oder bei schmerzenden Gliedern. Darüber hinaus kannst du aus dem Öl eine sehr wirksame Verbrennungssalbe herstellen (siehe rechts oben).

JOHANNISKRAUTSALBE BEI VERBRENNUNGEN

WAS DU BRAUCHST:

100 ml Johanniskrautöl
10 g Bienenwachs
10 g Sheabutter

UND SO GEHST DU VOR:

Erwärme das Öl in einem Behälter in einem Wasserbad. Dafür stellst du einen kleinen Topf in einen größeren Topf, in dem so viel Wasser ist, dass es den Boden des kleineren Topfes gerade berührt. Gib das Bienenwachs und die Sheabutter zum Öl hinzu. Alles gut verrühren und abkühlen lassen. Anschließend gibst du die Masse in kleine Tiegel und verfeinerst die Salbe nach Belieben mit hochwertigen duftenden ätherischen Ölen. Bitte nach der Anwendung direkte Sonnenbestrahlung vermeiden, da die Salbe die Lichtempfindlichkeit erhöht.

HAGEBUTTE – FRUCHT DER HEILUNG

Die Hagebutte oder auch Heilbutte, wie wir Hexen dieses Kraut nennen, ist die Frucht der Wildrose. Von Hausbesitzern, die ihre Gärten mit Hagebutten verschönerten, glaubte man früher, dass sie vom Unheil verschont blieben. Laut der christlichen Überlieferung wird die Hagebutte der Heiligen Jungfrau Maria zugeordnet. Sie ist ein Symbol für das Weiterleben der menschlichen Seele nach dem Tod.

Der Hagebutte wird nachgesagt, der Liebesgöttin Aphrodite ihre Schönheit verschafft zu haben. Sie sollte in früherer Zeit kinderlosen Frauen in Vollmondnächten so viele Kinder schenken, wie der Strauch der Heckenrose Knospen oder Blüten trug.

Aus den Schalen der Hagebutte lässt sich ein hervorragender Tee herstellen, darüber hinaus kann man die Hagebutte aber auch zu einer köstlichen Marmelade verarbeiten. Da die Frucht über einen sehr hohen Vitamin-C-Gehalt verfügt, wird sie auch gern bei Erkältungen benutzt. Wenn du die Früchte selbst erntest, achte auf den richtigen Zeitpunkt zwischen Ende Oktober und Anfang Dezember. Dann haben sie den höchsten Nährwert und sind noch nicht faul.

HAGEBUTTENLIKÖR

WAS DU BRAUCHST:
200 g frische Hagebutten
300 g brauner Zucker
200 ml Wasser
1 l Kornbrand

UND SO GEHST DU VOR:
Zerquetsche die Früchte in einem Mörser. Du kannst auch einen Mixer nehmen, allerdings verlieren die Hagebutten auf diese Weise Aroma. Lass den Zucker in wenig Wasser aufkochen und abkühlen. Das Fruchtmus füllst du in ein Marmeladenglas oder eine Flasche mit großer Öffnung. Danach gibst du das Zuckerwasser darauf und verschließt das Gefäß. Gut schütteln! Lass die Mischung anschließend auf der Fensterbank stehen, am besten in der Sonne.

Nach zwei Wochen öffnest du das Gefäß und gibst den Kornbrand dazu. Das Ganze darf nun sechs weitere Wochen ruhen. Danach gießt du die Flüssigkeit durch ein feines Sieb, um die Fasern und Körner aus dem Hagebuttenlikör zu filtern.

Wenn du magst, kannst du aus dem Rest im Sieb einen Teeaufguss machen oder das Ganze zu einem köstlichen Fruchtaufstrich verarbeiten.

HAGEBUTTENÖL FÜR STREICHELZARTE HÄNDE

2 EL getrocknete Hagebutten
1 Glas Oliven- oder Mandelöl
1 EL Natron

UND SO GEHST DU VOR:

Im ersten Schritt pulverisierst du die Hagebutten, am besten geht das in einem sehr guten Mixer oder mit einem Mörser. Vermenge das Pulver dann mit dem Öl und erwärme diese Masse für zwanzig Minuten im Wasserbad. Lass das Öl abkühlen und fülle es anschließend in ein geschlossenes Glas. Es darf nun zwei Wochen ruhen.

Für die Anwendung empfehle ich dir zunächst ein Handbad. Verrühre dazu einen Esslöffel Natron oder Backpulver mit einem Liter heißem Wasser. Im Anschluss an das Bad reibst du deine Hände mit dem Hagebuttenöl ein. Das Natronbad und das Öl machen die Haut weich wie einen Babypopo! Außerdem ist das Öl gut bei Rheumaschmerzen und Arthritis geeignet.

HAGEBUTTENPULVER ALS IMMUN-BOOSTER

WAS DU BRAUCHST:

getrocknete Hagebutten

UND SO GEHST DU VOR:

Aufgrund ihres hohen Vitamin-C-Gehalts ist die Hagebutte besonders gut in der Erkältungszeit geeignet. Sie sorgt außerdem für ein straffes Bindegewebe und regt den Stoffwechsel an.

Die getrockneten Hagebutten verarbeitest du zu Pulver, indem du sie in einem Mörser zerstößt. Du kannst auch einen Mixer benutzen. Das Pulver kannst du anschließend über einen frischen Salat oder dein Müsli streuen.

Hagebutten richtig trocknen

Willst du frische Hagebutten selbst trocknen, musst du sie erst einmal waschen und trocken tupfen. Große Früchte solltest du anschließend zerkleinern, da sie so schneller trocknen und bei der Lagerung nicht schimmeln. Für das Trocknen sind ein Backofen oder die Heizung geeignet. Achte darauf, dass die Temperatur des Backofens maximal 40 °C beträgt, da die Früchte sonst verbrennen. Die Ofentür kannst du einen Spaltbreit geöffnet lassen, damit die Feuchtigkeit entweicht. Wende die Hagebutten beim Trocknungsvorgang regelmäßig. Die Früchte sind fertig, wenn du mit den Händen keine Feuchtigkeit mehr in den Schalen spüren kannst. Verwahre die Früchte anschließend in einem luftdicht verschlossenen Gefäß. So sind sie monatelang haltbar.

LAVENDEL – PFLANZE DER HEXEN

Im Mittelalter verwendete man Lavendel vor allem gegen die Pest. Mit Honig und Wasser zu einem lauwarmen Sud vermischt, sollte alten Überlieferungen nach der Schmerz in Leber und Lunge gemindert werden. Alte Hexen verwendeten die Lavendelblüten jedoch auch, um Briefe an ihre Liebsten damit einzureiben und alle Wünsche, die in den Briefen geschrieben waren, so in Erfüllung gehen zu lassen. Und der Lavendel konnte angeblich noch mehr. Wenn eine Hexe vom Teufel verfolgt wurde, brauchte sie sich nur auf einen Lavendelstock zu setzen und war damit vor dem Teufel sicher.

Lavendel und vor allem das ätherische Öl des Lavendels haben eine entspannende und stressmildernde Wirkung. Die Pflanze duftet wunderbar und kann nach einem stressigen Tag für die richtige Entspannung sorgen. Die Wirkung des Lavendels kannst du über ein Duftkissen oder ein Entspannungsbad erleben. Der Lavendel hat außerdem eine durchblutungsfördernde Wirkung und ist beruhigend für die Haut. Auch bei Kleinkindern und Babys hat sich Lavendel bewährt, wenn sie nicht einschlafen können oder unruhig sind. Ein kleines Lavendelkissen in der Nähe des Bettes hilft meistens schnell.

Der Lavendel bietet Schutz vor negativen Einflüssen von außen und wird daher in der Schutzmagie sowie zur Stärkung der inneren Klarheit verwendet.

LAVENDELÖL

WAS DU BRAUCHST:

1 Handvoll frische oder getrocknete Lavendelblüten
1 l Oliven- oder Mandelöl

UND SO GEHST DU VOR:

Zerreibe die Blüten in der Hand und gib sie in ein verschließbares Gefäß. Gieße anschließend das Öl darauf und verschließe das Glas. Das Öl muss für mindestens einen Monat an einem warmen Ort ziehen. Achte darauf, das Gefäß einmal am Tag zu schwenken.

Nach dem Monat filterst du das Öl durch ein feines Sieb und füllst die Flüssigkeit in ein anderes Gefäß. Anschließend sollte das Öl an einem kühlen, lichtgeschützten Ort aufbewahrt werden.

Du kannst das Öl für die Hautpflege, zur Unterstützung der Wundheilung oder gegen Bakterien und Pilze verwenden. Auch bei psychischen Beschwerden wie zum Beispiel innere Unruhe, Ängste oder Nervosität kann Lavendel unterstützen.

LAVENDEL-SONNENCREME

WAS DU BRAUCHST:

2 g (oder mehr, je nach Sonnenschutz-
faktor) Sofitix-Pulver aus der Apotheke

40 ml Sesamöl

10 Tropfen Lavendelöl

15 g Sheabutter

25 ml Wasser

UND SO GEHST DU VOR:

Gib das Sofitix in einen Topf und gieße die
Öle dazu. Erwärme die Masse und gib die
Sheabutter dazu, sodass diese schmilzt.
Gut umrühren! Anschließend füllst du die
Creme in Tiegel um und stellst sie kühl. Sie
schützt dich vor Sonnenbrand und beugt
der Hautalterung vor.

LAVENDEL-BADEZUSATZ

WAS DU BRAUCHST:

1 Handvoll Lavendelblüten

1 Leinensäckchen

UND SO GEHST DU VOR:

Fülle die Lavendelblüten in das Leinensäckchen und befestige es so unter dem Wasserhahn deiner Badewanne, dass das war-
me Wasser darüberfließen kann. Nimm ein
ausgiebiges Bad und entspanne dich.
Der Lavendel wirkt sich beruhigend auf
deinen Körper und deinen Geist aus und hilft
bei akutem Stress, wieder in die Balance zu
finden.

LAVENDELWICKEL BEI UNTERLEIBSSCHMERZEN

WAS DU BRAUCHST:

Lavendelöl

Baumwolltuch

Wärmeflasche

UND SO GEHST DU VOR:

Gib etwas Lavendelöl auf ein Baumwolltuch oder einen Waschlappen und lege es
auf die schmerzende Stelle. Obendrauf
packst du eine Wärmeflasche, die dich
warm hält. Der Lavendel wirkt beruhigend,
die Wärme krampflösend.

GESICHTSDAMPFBAD MIT LAVENDEL

WAS DU BRAUCHST:

Lavendelöl

UND SO GEHST DU VOR:

Gib einen halben Liter kochendes Wasser
in eine Schüssel und füge einige Tropfen Lavendelöl hinzu. Halte den Kopf über die
Schüssel, darüber breitest du ein Handtuch
aus, damit der Dampf nicht so schnell entweicht und das Wasser warm bleibt. Lass
den Dampf zehn Minuten bei geschlosse-
nen Augen auf deine Gesichtshaut einwirken – das hilft besonders bei unreiner und
fettiger Haut! Nach dem Dampfbad das
Gesicht abtupfen und eincremen.

LAVENDELSIRUP

WAS DU BRAUCHST:
60 g Lavendelblüten
1 Limette
25 g Zitronensäurepulver
1 kg Zucker

UND SO GEHST DU VOR:
Gib die Lavendelblüten mit dem Saft der Limette und dem Zitronensäurepulver in einen Topf und gieße anderthalb Liter kochendes Wasser darüber. Decke den Topf mit einem Küchentuch ab und lass das Ganze einen Tag lang ziehen. Filtere dann die Pflanzenteile aus dem Sud und schütte die Flüssigkeit in einen anderen Topf. Füge den Zucker hinzu und lass die Masse vorsichtig aufkochen, bis sich der Zucker vollständig aufgelöst hat. Fülle den fertigen Sirup in saubere Flaschen und verschließe sie. Im Kühlschrank oder Keller hält er mehrere Monate.

Dieser Sirup schmeckt besonders im Sommer mit einigen Zitronenscheiben und frischem Wasser, passt aber auch gut zu Sekt.

HAARKUR MIT LAVENDEL

WAS DU BRAUCHST:
50 ml Oliven- oder Mandelöl
10 Tropfen Lavendelöl

UND SO GEHST DU VOR:
Erwärme das Öl in einem Topf und gib das Lavendelöl hinzu. Trage die Kur direkt auf die Haare auf, massiere sie dabei gut in die Kopfhaut ein. Wickle deine Haare in einen Handtuchturban und lasse die Kur ein bis zwei Stunden einwirken. Anschließend wäschst du das Öl mit einem Shampoo aus.

MARIENDISTEL – DAS MUTTERKRAUT

Die Mariendistel kommt ursprünglich, wie viele Kräuter, aus dem Mittelmeerraum, wächst jedoch auch in freier Natur in unseren Breiten. Der Name führt auf eine Bibelgeschichte zurück, wonach die Jungfrau Maria beim Stillen des Christuskindes Milch auf die Blätter der Pflanze vertropft haben soll, was die weißen Flecken darauf, für die die Mariendistel bekannt ist, erzeugte.

Der Großteil der Pflanze ist nicht verzehrbar, ihre samenartigen, harten Früchte beinhalten jedoch viele wichtige Wirkstoffe. Die schwarzen und grauen fleckigen Samen stecken in Schließfrüchten, die du anhand ihrer seidigen Haarkronen erkennst, und können im Sommer geerntet werden. Pflücke die Blütenköpfe (Handschuhe nicht vergessen!), solange sie noch weiße Haarkronen haben, und lass sie in einem gut belüfteten Raum trocknen. Danach kannst du die Samen ausklopfen und anschließend in einem luftdichten Behältnis aufbewahren.

Vor allem bei Gallen- und Leberproblemen sind die Samen einzusetzen, zudem wirkt sich ihre entkrampfende Wirkung sehr gut auf das vegetative Nervensystem aus. Auch bei einer zu schwachen, unregelmäßigen Menstruation hilft die Mariendistel. Man sagt ihr aufgrund des hohen Silymarin-Werts außerdem nach, Brustkrebs vorzubeugen.

Achtung!

Verzehre eine Stunde vor der Einnahme der Mariendistel keinen Alkohol, keine Milch und auch keine schwer verdaulichen Lebensmittel. Schwangeren, Stillenden und Kindern unter drei Jahren wird die Verwendung ebenfalls nicht empfohlen, auch Menschen mit Herzerkrankungen oder zu hohem Blutdruck sollten die Finger davonlassen.

MARIENDISTELTEE

WAS DU BRAUCHST:

1 TL Samen der Mariendistel

UND SO GEHST DU VOR:

Zerstoße die Samen in einem Mörser und übergieße sie mit kochendem Wasser. Lass den Tee etwa fünfzehn Minuten ziehen und filtere anschließend die Samen heraus. Trinke den Tee am besten dreimal täglich: nüchtern am Morgen, eine halbe Stunde vor dem Mittagessen und eine Tasse vor dem Schlafengehen. Deine Leber wird es dir danken!

LEBERWICKEL NACH DURCHZECHTER NACHT

WAS DU BRAUCHST:
1 Handvoll Mariendistelblätter
Kompresse oder Tuch

UND SO GEHST DU VOR:
Wickle die Blätter in eine Kompresse oder Tuch und tränke das Ganze in heißem Wasser. Lege den Wickel anschließend auf deine Leber – so kann nach einer durchzechten Nacht der Alkohol besser abtransportiert werden.

MARIENDISTELTINKTUR

WAS DU BRAUCHST:
20 g getrocknete Mariendistelfrüchte
100 ml Alkohol (Alkoholgehalt 60 %)

UND SO GEHST DU VOR:
Zerkleinere die Früchte der Mariendistel (oder nimm die Samen) und übergieße sie in einem alten Marmeladenglas mit dem Alkohol. Lass die Tinktur vier Wochen ruhen. Achte jedoch darauf, das Glas einmal am Tag zu schwenken, damit sich die festen Bestandteile nicht zu schnell absetzen. Nach einem Monat kannst du die Samen oder Pflanzenteile mit einem feinen Sieb aus der Tinktur filtern. Auch ein Kaffeefilter ist hierbei sehr gut geeignet. Am besten gibst du die Tinktur anschließend in ein braunes Tropffläschchen.
Dreimal täglich kannst du dir mit der Mariendisteltinktur einen Tee zubereiten. Verwende 20 Tropfen davon, die du in eine Tasse Pfefferminztee gibst – so schmeckt die Tinktur weniger bitter, die Pfefferminze unterstützt zusätzlich die stoffwechselanregende Wirkung.

Du kannst die Tinktur auch gegen Warzen anwenden – innerlich wie äußerlich. Nimm dreimal täglich 5 Tropfen ein und reibe außerdem die Warze damit ein.

MELISSE – MYSTISCHES SCHUTZKRAUT

Schon Paracelsus nannte das Kraut früher »Lebenselixier« und stellte verschiedenste Arzneien aus der Melisse her. In Griechenland wurde sie sogar als Blume der Göttin Diana verehrt. Alte Hexen schützten sich mit einem Haarkranz aus Melissen vor schwarzmagischen Angriffen. Auch legten die Hexen rund um ihren Grund und Boden Melisse aus und sicherten sich so den Schutz. Ich habe von meiner Großmutter gelernt, meine Handtasche regelmäßig mit Melisse einzureiben, damit das Geld bei mir bleibt.

Die Melisse kommt wie viele andere Heilpflanzen aus dem südeuropäischen Raum und wird schon seit langer Zeit in mitteleuropäischen Gärten angebaut. Im Mittelalter wurde sie sogar per Verordnung in jedem Klostergarten gezogen, weil sie schon damals für sehr wertvoll und unentbehrlich gehalten wurde.

Da Melisse beim Zerreiben zitronenartig duftet, nennt man sie auch Zitronenmelisse. Sie dient hauptsächlich der Beruhigung des Nervensystems und dazu, nervöse Herzbeschwerden, Schlafstörungen, Unruhe, Reizbarkeit und viele andere nervlich bedingte Beschwerden zu behandeln. Da sie den Prozess des Loslassens fördern soll, wird Melisse auch gern bei Trennungen angewendet.

MELISSENÖL

WAS DU BRAUCHST:

1 gute Handvoll frische Melisseblätter
200 ml Oliven- oder Mandelöl

UND SO GEHST DU VOR:

Lass die vom Stiel abgezupften Blätter trocknen und gib sie anschließend in ein Glas. Übergieße sie mit dem Öl und setze ein Wasserbad auf. Lass das Öl im Wasserbad auf mittlerer Stufe zwei Stunden ziehen. Das Wasser sollte nicht kochen, sondern lediglich so heiß sein, dass es leicht siedet, also kleine Bläschen aufsteigen. Filtere anschließend die Blätter aus dem Öl und bewahre es in einem dunklen Fläschchen auf.

Das Öl ist vielseitig einsetzbar, zum Beispiel als Badezusatz, um gegen Schlafstörungen vorzugehen. Gib dafür 20 bis 30 Tropfen des Öls in ein Vollbad und entspanne etwa zwanzig Minuten darin. Auch bei Krämpfen im Magen-Darm-Trakt und gegen Blähungen ist das Melissenöl durch den beruhigenden Effekt bestens geeignet.

MELISSEN-LIPPENBALSAM GEGEN HERPES

WAS DU BRAUCHST:
30 ml Melissenöl
8 g Bienenwachs
8 g Shea- oder Kakaobutter
einige Tropfen Teebaumöl

UND SO GEHST DU VOR:
Gib alle Zutaten bis auf das Teebaumöl in einen kleinen Topf, den du in ein Wasserbad stellst. Erwärme die Masse, bis alle Bestandteile geschmolzen sind, und verrühre sie gut miteinander. Die Konsistenz des Balsams kannst du prüfen, wie du es vielleicht vom Marmeladeneinkochen kennst: Gib einen Tropfen davon auf einen Teller und lass ihn erkalten. Ist dir der Balsam noch zu flüssig, helfen ein paar Gramm mehr vom Bienenwachs. Wenn du mit der Konsistenz zufrieden bist, nimm den Topf aus dem Wasserbad und gib einige Tropfen Teebaumöl in die Masse. Anschließend alles in einen kleinen Tiegel abfüllen und abkühlen lassen. Der Balsam hilft vor allem vorbeugend gegen Herpes – du kannst ihn so oft verwenden, wie du magst.

MELISSENSAFT

WAS DU BRAUCHST:
2 Handvoll frische Melisseblätter
1 kg brauner Zucker
30 g Zitronensäurepulver
1 Zitrone

UND SO GEHST DU VOR:
Übergieße die Blätter mit anderthalb Liter kochendem Wasser und gib den Zucker dazu. Lass das Gemisch einen Tag lang stehen und gib anschließend das Zitronensäurepulver und den Saft einer ausgepressten Zitrone dazu. Das Gemisch darf weitere 24 Stunden ruhen. Filtere anschließend den Saft in ausgekochte Flaschen und lagere diese kühl.

Der Melissensaft beruhigt dein Nervensystem und wirkt bei Reizbarkeit und Überforderung. Du kannst ihn pur oder verdünnt in Wasser trinken, gerade im Sommer ist er ein herrliches Erfrischungsgetränk.

MELISSE GEGEN INSEKTEN

WAS DU BRAUCHST:
einige Tropfen Melissenöl
destilliertes Wasser
1 Prise Salz
Flasche mit Sprühkopf

UND SO GEHST DU VOR:
Das Melissen-Spray ist ein natürliches Mittel gegen Insekten. Gib einfach einige Tropfen des Melissenöls in eine Flasche mit Sprühkopf und fülle mit destilliertem Wasser auf. Gib eine Prise Salz als Emulgator dazu, damit sich Wasser und Öl vermischen. Großzügig auf dem Körper verteilen – so kannst du den Sommer ohne lästige Blutsauger genießen.

MELISSENGEIST

WAS DU BRAUCHST:
1 Handvoll frische Melisseblätter
1 Zitrone
10 Gewürznelken
1 Zimtstange
1 Vanillestange
1 EL Honig nach Belieben
1 l Apfelschnaps

UND SO GEHST DU VOR:
Fülle die Melisseblätter in eine Flasche – am besten in eine mit weitem Hals. Schäle die Zitronenschale dünn ab und gib die Zesten ebenfalls in die Flasche. Den Rest der Frucht kannst du auspressen, der Saft kommt zu den Melisseblättern. Füge die Gewürze hinzu und, wenn du es süßer magst, auch den Honig, und fülle die Mischung mit dem Apfelschnaps auf. Lass das Ganze drei bis vier Wochen in einem dunklen, kühlen Raum stehen. Danach kannst du den Melissengeist durch ein Tuch oder einen Kaffeefilter abseihen. Ein Schnapsglas davon am Tag beruhigt das Gemüt und stärkt deine Abwehrkräfte.

RINGELBLUME –
KRAUT DER TRÄUME

Die gelbe Ringelblume wird seit jeher auf Friedhöfen gepflanzt. Sie gehört zu den Wetterpflanzen: Hexen wussten, dass ein schöner Tag bevorsteht, wenn sich morgens die Blüten öffnen. Bleiben die Blüten jedoch geschlossen, steht Regen bevor. Auch Hexer kannten die Macht der Ringelblume. Wenn ein Mann die Wurzel der Ringelblume bei sich trug, wurde er für Frauen interessanter. Verstreute man die Ringelblume unter dem Bett, wurden gute Träume wahr.

Die Ringelblume ist sowohl eine Heil- wie auch eine Zierpflanze, die vor allem in Gärten und weniger in der freien Natur wächst. Ab Juni sieht man ihre leuchtend orangefarbenen Blüten häufig. Diese sind vielseitig einsetzbar, am bekanntesten ist die Verwendung in einer Salbe. Doch auch bei gynäkologischen Problemen oder Verdauungsbeschwerden hilft die Ringelblume äußerlich (zum Beispiel bei Sitzbädern) wie innerlich. Der Ringelblumentee etwa sorgt sowohl bei starken Menstruationsschmerzen als auch beim Übergang in die Wechseljahre für Linderung. In der Wundheilung wird die Heilpflanze ebenfalls oft eingesetzt.

Nicht zuletzt ist die Ringelblume sehr delikat: Die Blüten kannst du einfach über einen frischen Salat streuen. Das schmeckt lecker und ist gleichzeitig gut für die Haut. Einige Blüten in die Suppe gegeben, sorgen sie für eine schöne goldgelbe Farbe.

RINGELBLUMENÖL

WAS DU BRAUCHST:

2 Handvoll frische, ganze Ringelblumenblüten
200 ml Oliven- oder Mandelöl

UND SO GEHST DU VOR:

Gib die Blüten in ein Schraubglas und fülle es mit dem Öl auf. Achte wie bei jedem Ölauszug darauf, dass die Pflanzenteile mit der Flüssigkeit bedeckt sind. Verschließe das Glas und lass das Öl an einem warmen Ort ziehen. Einmal täglich schwenken und das Kondenswasser aus dem Deckel abtupfen, damit die Mischung nicht schimmelt. Nach zehn Tagen kannst du die Blüten abseihen. Das Öl ist nun gekühlt gelagert etwa neun Monate haltbar. Du kannst es direkt auf die Haut auftragen oder zu weiteren Produkten verarbeiten.

RINGELBLUMEN-MASSAGESALBE

WAS DU BRAUCHST:

35 ml Ringelblumenöl
4 g Bienenwachs
1 EL Apfelessig
5 Tropfen Melissenöl

UND SO GEHST DU VOR:

Erhitze das Ringelblumenöl in einem kleinen Topf im Wasserbad und lass das Bienenwachs darin schmelzen. Nimm den kleinen Topf aus dem Wasserbad und rühre Essig und Melissenöl unter, bis die Masse erkaltet ist. Fülle sie anschließend in Tiegel um und lagere diese kühl. Die Salbe ist etwa sechs Monate haltbar und hilft bei Muskelkater und Verspannungen. Die Behandlung regt den Stoffwechsel an und fördert die Durchblutung.

RINGELBLUMEN-LANOLIN-HANDCREME

WAS DU BRAUCHST:

30 ml Ringelblumenöl
15 g Lanolin
4 g Bienenwachs
30 ml Ringelblumentinktur

UND SO GEHST DU VOR:

Vermische Öl, Lanolin, Bienenwachs und Tinktur in einem kleinen Topf und stelle diesen in ein Wasserbad. Erhitze das Wasser, bis sich die festen Bestandteile gelöst haben. Gib anschließend so viel warmes Wasser zur Mischung hinzu, bis sich unter ständigem Rühren eine puddingartige Konsistenz gebildet hat. Rühre die Creme so lange, bis sie abgekühlt ist, und fülle sie in einen kleinen Tiegel. Im Kühlschrank hält die Creme einige Wochen.

RINGELBLUMENTINKTUR

WAS DU BRAUCHST:

2 Handvoll Blütenblätter der Ringelblume
200 ml Alkohol (Alkoholgehalt 40 %)

UND SO GEHST DU VOR:

Gib so viele Blütenblätter in ein Schraubglas, bis es zu etwa drei Viertel gefüllt ist.
Drücke die Blätter leicht an und übergieße
sie dann mit dem Alkohol, bis die Pflanzenteile vollständig bedeckt sind. Verschließe
das Glas und lass es an einem dunklen,
kühlen Ort drei bis vier Wochen ziehen.
Alle zwei Tage solltest du das Glas leicht
schwenken. Nach der Ziehzeit kannst du
die Tinktur filtern und in ein braunes
Fläschchen abfüllen.

Innerlich angewendet, hilft Ringelblumentinktur bei Entzündungen in Mund und
Rachen. Dafür gibst du zehn Tropfen der
Tinktur in ein Glas Wasser und gurgelst damit ausgiebig. Auch bei Verdauungsproblemen und Gallenbeschwerden eignet
sich die Tinktur: Trinke dafür zwei- bis dreimal täglich zwischen den Mahlzeiten ein
Glas Wasser mit fünf Tropfen Ringelblumentinktur.

Für eine äußerliche Anwendung empfehle
ich dir, die Tinktur beispielsweise auf unrei-
ne Haut aufzutragen. Da die Ringelblume
entzündungshemmende Wirkstoffe enthält, wird deine Haut sich bald schon beruhigen. Bei entzündeten Brustwarzen in
der Stillzeit hilft ein vorsichtiges Einreiben
mit der Tinktur einmal täglich.

RINGELBLUMEN-MUSKELÖL

WAS DU BRAUCHST:

100 ml Oliven- oder Mandelöl
10 ml Ringelblumentinktur
2–3 Tropfen Rosmarinöl
2–3 Tropfen Thymianöl
wahlweise 2–3 EL Rosmarin und Thymian
100 ml Alkohol (Alkoholgehalt 60 %)

UND SO GEHST DU VOR:

Vermenge alle Zutaten und gib sie in ein
Fläschchen. Lass das Öl vier Wochen ziehen
und schüttle die Masse etwa einmal am
Tag. Filtere die Kräuterteile anschließend
aus und fülle das Öl in ein dunkles Fläschchen um. Bei Muskelverletzungen, Muskel-
verhärtung und Rückenschmerzen kannst
du das Öl sanft einmassieren – aber bitte
nicht bei offenen Wunden! Vor Gebrauch
kräftig schütteln, denn das Öl muss sich mit
der Tinktur gut verbinden.

SALBEI – PFLANZE DER GANZHEITLICHEN HEILUNG

Christlichen Legenden zufolge steht die Heilkraft des Salbeis in enger Beziehung zu der Jungfrau Maria: Als Maria auf der Flucht vor Herodes war, bat sie den Salbei um Obdach. Sie hoffte, sich unter seinen schützenden Blättern verstecken zu können.

Der Salbei verbindet alle Ebenen des Seins: Körper, Seele und Geist. Zum Schutz vor dem bösen Blick wurde getrockneter Salbei am Türstock aufgehängt. Ein Liebeszauber meiner Großmutter, an den ich mich noch genau erinnern kann, besagt: »Wenn du in ein Salbeiblatt drei Löcher stichst und ein Haar deines Liebsten durchfädelst, danach das Blatt zusammenrollst, in Wachs eintauchst und unter die Türschwelle deines Liebsten legst, wird er zu dir kommen, auch wenn es im realen Leben scheinbar unmöglich erscheint.«

Außerdem schrieb meine Großmutter oft Wünsche auf Salbeiblätter. Sie schlief drei Nächte lang auf dem Blatt und vergrub es anschließend, sodass der Wunsch sich erdete und somit in Erfüllung ging.

Gerade in der heutigen Zeit ist der Salbei wichtig, denn er eignet sich vor allem für kopflastige Menschen, die nur der Logik vertrauen und somit viele emotionale, metaphysische und mystische Aspekte des Lebens ignorieren. Salbei macht Platz für neue Erkenntnisse und befreit uns von alten Mustern. Er ist das Zauber- und Ganzwerdungskraut schlechthin.

Salbei ist eine echte Superpflanze, die vielseitig eingesetzt werden kann. Sicher kennst du einige leckere Rezepte, in denen Salbei vorkommt, hast schon einmal Salbeibonbons gelutscht oder Salbeitee getrunken. Die Wirkstoffe des Salbeis sind desinfizierend, weshalb er besonders gern bei Hals- und Rachenentzündungen eingesetzt wird. Außerdem hemmt die Pflanze die Schweißproduktion. Auch zum Räuchern eignet sich Salbei – in Krankenzimmern wirkt der Rauch antiseptisch. Von Hexen wird Salbei, wenn er zuvor geweiht wurde, als Schutzvorrichtung an den Türstock gehängt.

Die Salbeipflanze ist sehr robust und wächst auch in unseren Breiten hervorragend im Garten. Meistens sogar etwas »zu« gut, und so kommt es nicht selten vor, dass aus einem kleinen Salbeitrieb ein riesiger Strauch wird. Schneide deine Salbeipflanze also regelmäßig zurück und ernte großzügig.

SALBEILIKÖR

WAS DU BRAUCHST:

30 Salbeiblätter
5 Basilikumblätter
1 EL rote Pfefferkörner
1 l Korn
350 ml Wasser
250 g Zucker

UND SO GEHST DU VOR:

Gib die Kräuter und die Pfefferkörner in eine Flasche und übergieße sie mit dem Korn. Stelle die Flasche eine Woche lang an einen warmen Platz. Nach der Ziehzeit kannst du die Pflanzenteile und Körner absieben. Bring Wasser zum Kochen und löse den Zucker darin auf. Wenn die Masse abgekühlt ist, kannst du sie mit dem Liköransatz vermischen, in Flaschen füllen und zwei Monate ruhen lassen. Ein Schnapsglas am Tag wirkt sich günstig auf Magen und Darm aus.

SALBEIESSIG

WAS DU BRAUCHST:

1/2 l Weißwein
1/2 l Apfelessig
1 Handvoll Salbeiblätter
1 Handvoll Kapuzinerkresseblüten
1 Handvoll Wacholderbeeren

UND SO GEHST DU VOR:

Vermenge die Flüssigkeiten miteinander und gib die Kräuter und Beeren dazu. Lass die Mischung an einem kühlen Ort zwei Wochen lang ziehen. Nach der Ziehzeit kannst du den Salbeiessig als Grundlage für ein Salatdressing oder zum Verfeinern von Gerichten verwenden.

NATURSHAMPOO MIT SALBEI UND LAVENDEL

WAS DU BRAUCHST:

2–3 EL Natron
200 ml Lavendel-Salbei-Tee
1 TL Honig
5 Tropfen ätherisches Öl (z. B. Lavendel und Melisse)

UND SO GEHST DU VOR:

Vermische alle Zutaten gut miteinander, trage sie gleich auf das feuchte Haar auf und massiere das Shampoo in die Kopfhaut ein. Nach ein paar Minuten Einwirkzeit kannst du das Shampoo wieder ausspülen. Es reinigt und pflegt die Haare, allerdings ist es nicht besonders lange haltbar. Deshalb immer nur kleine Mengen anfertigen!

KÜHLENDE SALBEISALBE BEI SCHWEREN FÜSSEN

WAS DU BRAUCHST:
1 TL angetrocknete Salbeiblätter
1 TL angetrocknete Minzblätter
20 ml Mandelöl
5 g Bienenwachs
20 g Sheabutter
5 Tropfen ätherisches Öl
(Salbei oder Melisse)

UND SO GEHST DU VOR:
Lass die Salbei- und Minzblätter antrocknen und lege sie über Nacht in dem Öl ein. Am Morgen kannst du die Blätter abfiltern. Lass das Bienenwachs im Wasserbad schmelzen, füge das gefilterte Öl hinzu und vermische alles gut. Gib anschließend die Sheabutter hinzu, lass auch sie schmelzen und verrühre alles zu einer homogenen, glatten Masse. Warte, bis die Mischung auf Handwärme abgekühlt ist, und gib dann das ätherische Öl hinzu. Fülle die Masse in einen Tiegel und stelle diesen kühl. Die Salbe ist etwa ein Jahr haltbar.
Du verwendest die kühlende Salbe, indem du sie nach dem Duschen in die Füße einmassierst. Abends kannst du gern die doppelte Portion auftragen, Baumwollsocken anziehen und die Salbe über Nacht wirken lassen.
Wenn du keinen kühlenden, sondern einen wärmenden Effekt erzielen möchtest, verwendest du anstelle der Minzblätter einen Esslöffel Rosmarin und lässt das ätherische Öl weg.

CELLULITE-SALBEIBAD

WAS DU BRAUCHST:
4 Handvoll getrocknete Salbeiblätter
1 l Wasser

UND SO GEHST DU VOR:
Gib die Salbeiblätter in einen Topf und schütte das Wasser dazu. Bringe das Gemisch zum Kochen und lass den Sud fünf Minuten lang köcheln. Filtere die Pflanzenteile aus dem Sud und füge diesen einem Vollbad hinzu. Das Salbeibad ist gut bei Cellulite, erschlaffter und unreiner Haut.

SALBEI-ZITRONEN-DEO

WAS DU BRAUCHST:

5 ml Weingeist (oder Wodka)
50 Tropfen Salbeiöl
50 Tropfen Zitronenöl
20 Tropfen Melissenöl
10 Tropfen Teebaumöl
95 ml Salbeitinktur
1/2 TL Natron

UND SO GEHST DU VOR:
Schütte Weingeist und Öle in ein Glas. Vermische alles und füge die Salbeitinktur und Natron hinzu. Vermenge alles und fülle die Flüssigkeit in eine Pumpspray-Flasche.

Das Deo ist natürlich nicht so stark wie die industriell hergestellten Deos mit Aluminiumsalzen. Im Sommer und bei viel Bewegung kann es also sein, dass du am Nachmittag nachsprühen musst.

SCHAFGARBE – LIEBES- UND HEXENGLÜCKSKRAUT

In alten Hexenbüchern ist zu lesen, dass die Schafgarbe die erste Pflanze war, die Jesus als Kind gepflückt haben soll. Sie wird bei diversen Zauberritualen für gebrochene Herzen verwendet und ist die Blume für alle, die am 16. Januar geboren wurden. In der Hexenblumensprache steht sie für Sorgen und Kummer, aber auch für Genesung und wird dem Planeten Venus zugeordnet.

Ein altes Hexenritual besagt, dass Schafgarbe immer in einen Brautstrauß gehört, denn damit würde die Liebe mindestens sieben Jahre lang andauern. Frühere Hexen pflückten bei Vollmond die Schafgarbe vom Grab eines jungen Mannes und legten sie sich unter das Kopfkissen, denn so konnten sie von ihrem Zukünftigen träumen.

Schafgarbe wird oft zur Unterstützung der Verdauungsorgane und bei Frauenleiden eingesetzt. Äußerlich kann sie ähnlich wie die Kamille verwendet werden. Schon Achilles soll die Wunden seiner Krieger damit geheilt haben – was wohl der Grund ist, warum die Pflanze den lateinischen Namen Achillea trägt. Sie wächst bei uns auf Wiesen und an Wegrändern und wird bis zu einem halben Meter hoch. Ihre Stängel sind sehr robust, die rispenartigen Blüten klein und weiß. Außer der Wurzel kann die gesamte Pflanze zu Heilzwecken eingesetzt werden. Menschen, die eine Korbblütler-Allergie haben, sollten die Schafgarbe allerdings nicht verwenden.

SCHAFGARBENÖL FÜR EINEN UNRUHIGEN DARM

WAS DU BRAUCHST:

1 Handvoll geöffnete Schafgarbenblüten
1 Schuss Alkohol (Alkoholgehalt 40 %)
1 l Oliven- oder Mandelöl

UND SO GEHST DU VOR:

Gib die Blüten in ein Schraubglas und füge einen Schuss Alkohol hinzu. Wenn alle Blüten mit der Flüssigkeit benetzt sind, gießt du das Öl hinzu. Stelle das Glas für zwei Wochen an einen warmen Platz und schwenke den Behälter täglich. Das Öl wird sich mit der Zeit grünlich verfärben, nach Ablauf der Ziehzeit kannst du die Pflanzenteile abseihen und das Öl in eine Flasche geben. Es eignet sich hervorragend als Massageöl bei Bauchschmerzen oder Unterleibsbeschwerden.

SCHAFGARBENCREME

WAS DU BRAUCHST:

1 EL Schafgarbenblüten
5 g Bienenwachs
15 g Lanolin
40 ml Schafgarbenöl
2 g Bienenhonig

UND SO GEHST DU VOR:

Bereite aus den Blüten einen Tee zu. Hierfür übergießt du die Pflanzenteile mit 250 Milliliter kochendem Wasser und lässt den Tee fünfzehn Minuten ziehen. Siebe die Blüten anschließend ab. Während der Tee zieht, lässt du das Bienenwachs und das Lanolin in einem kleinen Topf im Wasserbad schmelzen. Füge das Schafgarbenöl hinzu und erwärme das Gemisch auf 60 °C. Wenn der Tee fertig gezogen hat, rührst du ihn vorsichtig unter die Masse im kleinen Topf, bis die Creme handwarm ist. Gib anschließend den Honig dazu und rühre ihn unter. Fülle die Creme in Tiegel ab und lagere sie kühl. Sie eignet sich sehr gut für normale Haut und Mischhaut.

SCHAFGARBEN-KOMPRESSEN BEI UNREINER HAUT

WAS DU BRAUCHST:
1 Handvoll Schafgarbenblüten

UND SO GEHST DU VOR:
Gib die Blüten in einen halben Liter kaltes Wasser und lass sie eine Stunde ziehen. Bringe das Gemisch anschließend zum Kochen und lass das Ganze eine Viertelstunde köcheln. Gieße die Flüssigkeit durch ein Sieb, um die Pflanzenteile herauszufiltern, und tränke eine Kompresse im Sud. Diese legst du anschließend auf dein Gesicht, bis die Kompresse kalt geworden ist.

Die Kompressen können auch sehr gut zur Behandlung von Hämorrhoiden eingesetzt werden.

SCHAFGARBEN-LEBERWICKEL

WAS DU BRAUCHST:
6 EL Schafgarbenblüten

UND SO GEHST DU VOR:
Übergieße die Blüten mit einem halben Liter kochendem Wasser und lass sie zehn Minuten bedeckt ziehen. Filtere die Blüten aus dem Sud und gib einen weiteren Liter heißes Wasser hinzu. Falte ein Tuch auf die Größe deiner Hand und rolle es zusammen. Tunke die Mitte der Rolle in den Sud und wringe sie anschließend aus. Leg den Wickel auf deine Leber, am besten deckst du das Ganze mit einem großen Handtuch ab oder fixierst den Wickel mit einem Schal oder Ähnlichem. Bestenfalls legst du eine Wärmeflasche obendrauf. Die Wärme fördert den Abtransport von Schwermetallen und Giften aus deiner Leber zusätzlich. Nach fünfzehn Minuten kannst du den Wickel entfernen – nun solltest du noch fünfzehn Minuten ruhen! Wenn du die Wickel einmal täglich für etwa zwei Wochen anwendest, wird deine Leber gereinigt und du findest zu deiner inneren Balance zurück.

SPITZWEGERICH – DAS HEXENSEELENKRAUT

Der Spitzwegerich wächst genau da, wo Menschen Wege, Straßen und Trampelpfade anlegen. Viele wissen nicht, dass die Endung »-rich« eigentlich König, Hüter, Herrscher und Fürst bedeutet. Genau das beschreibt die Aufgabe des Spitzwegerichs, er ist der Hüter der Wege, gerade in Hinblick auf Geist, Seele und Körper.

Die Trampelpfade hatten einst nicht nur einen weltlichen Zweck, man sagte ihnen auch nach, dass auf ihnen die Wagen der im Frühjahr wiederkehrenden Vegetationsgöttin fuhren, die im Herbst auf dem gleichen Weg zurück in das Totenreich ging, wo sie die Toten empfing. Deshalb betrachteten viele Hexen den Spitzwegerich als Reinkarnation der Seelen ihrer Ahnen und verwendeten ihn bei Ritualen, um sich mit ihren verstorbenen Ahnen zu verbinden.

Auch heute ist der Spitzwegerich weit verbreitet und am Wegesrand und auf Wiesen zu finden. Du erkennst ihn an seinen langen, schmalen Blättern, die wie Lanzen aus dem Boden ragen. Er wird oft gegen Husten und in der Wundheilung eingesetzt. Falls du in der freien Natur unterwegs bist und dich verletzt hast oder gestochen wurdest, aber kein Pflaster oder Desinfektionsmittel dabeihast, pflücke einfach ein paar Spitzwegerichblätter, zerkaue sie und lege sie anschließend auf die Wunde. Bedecke den Pflanzenbrei mit einem unzerkauten Blatt – so desinfizierst du die Stelle und sorgst für eine rasche Wundheilung.

Auch bei unreiner Haut oder Pickeln sind die Wirkstoffe der frischen Pflanze sehr hilfreich. Brich dafür ein frisch gezupftes Blatt des Spitzwegerichs auf und presse etwas Saft heraus. Diesen kannst du direkt auf die betroffene Hautstelle geben und einwirken lassen.

SPITZWEGERICH-HUSTENSAFT

WAS DU BRAUCHST:

2 Handvoll Spitzwegerichblätter
1 Zitrone

250 g Rohrohrzucker
250 g Honig

UND SO GEHST DU VOR:

Wasche die Blätter und trockne sie ab. Zerkleinere sie anschließend und gib sie in einen Topf. Füge den Saft der ausgepressten Zitrone sowie einen halben Liter Wasser hinzu. Lass das Gemisch aufkochen und zehn Minuten köcheln. Gieße danach die Pflanzenteile ab und gib den Sud in einen anderen Topf. Koche alles zusammen mit dem Zucker und dem Honig bei mittlerer Hitze ein, bis die Flüssigkeit sämig wird. Anschließend füllst du den Saft in ausgekochte Gläser und verschließt diese.

Der Hustensaft ist bekömmlich, wirkt antibakteriell und immunfördernd. Im Krankheitsfall dreimal täglich einen Teelöffel mit viel Flüssigkeit zu dir nehmen.

SPITZWEGERICHSALBE

WAS DU BRAUCHST:
60 g Bienenwachs
500 ml Oliven- oder Mandelöl
120 g Spitzwegerichblätter

UND SO GEHST DU VOR:
Lass das Bienenwachs in einem Wasserbad schmelzen und gieße das Öl dazu. Vermische die Flüssigkeiten und gib die Spitzwegerichblätter hinzu. Nimm den Topf aus dem Wasser und lass ihn drei Stunden im Backofen bei Niedrigtemperatur oder auf der Heizung ruhen. Siebe danach die Pflanzenteile aus der Salbe und fülle diese in Tiegel um. Schließe die Gläser erst, wenn die Salbe erkaltet ist. Sie eignet sich sehr gut bei Brandwunden und zur Wundbehandlung.

SPITZWEGERICH-MELISSEN-TINKTUR

WAS DU BRAUCHST:
1 Handvoll Spitzwegerichblätter
1 Handvoll Melisseblätter
500 ml Alkohol (Alkoholgehalt 60 %)

UND SO GEHST DU VOR:
Gib alle Zutaten in ein Schraubglas und verschließe es. Lass die Tinktur vier Wochen an einem dunklen, kühlen Ort stehen. Einmal am Tag das Glas schwenken! Danach die Tinktur durch ein Sieb filtern und in dunkle Fläschchen umfüllen. Du kannst sie verwenden, um juckende Haut zu beruhigen oder auch bei Insektenstichen.

SPITZWEGERICHESSIG

WAS DU BRAUCHST:
1 Handvoll Spitzwegerichblätter
1 l Apfelessig

UND SO GEHST DU VOR:
Gib die Blätter in den Essig und lass die Mischung vier Wochen durchziehen. Der Essig bekommt so ein schmackhaftes Aroma. Du kannst ihn nach dem Abseihen der Pflanzenteile wie jeden anderen Essig auch zum Beispiel über Salat geben.

Der Essig eignet sich auch als Haarspülung, denn er sorgt für Geschmeidigkeit und einen tollen Glanz. Außerdem hilft er sehr gut bei schuppiger, juckender oder fettiger Kopfhaut.

WEISSDORN – DAS ENERGIEKRAUT

Bereits den Kelten galt der Weißdorn als heilig. Er wurde für die Grenzbepflanzung eingesetzt, denn er schützte vor bösen Geistern. Meine Großmutter erzählte mir immer, dass im Weißdorn Feen und Elfen wohnten. Weißdornzweige in Wohnungen eliminierten negative Energien, die in der Vergangenheit entstanden waren. Magische Schutzstäbe aus Weißdornholz sollten helfen, sich mit den Kräften der Wald- und Naturgeister zu verbinden.

Der Weißdorn fällt an Wegrändern und Hecken auf, da seine üppigen Frühlingsblüten und später im Jahr die glänzenden roten Früchte ins Auge stechen. Sicher bist du ihm schon einmal begegnet, ohne ihn wirklich wahrzunehmen – dabei wächst er wirklich fast überall in der freien Natur.

Der Weißdorn genießt den Ruf, das Herz zu stärken und kaum Nebenwirkungen zu haben, weshalb er auch in vielen industriell hergestellten Präparaten eingesetzt wird. Auch wenn du dich niedergeschlagen und traurig fühlst, hilft ein Teeaufguss mit den Blüten des Weißdorns, um deine Stimmung zu heben. Der Tee gleicht außerdem Hormonschwankungen aus und wirkt durchblutungsfördernd.

WEISSDORNGELEE

WAS DU BRAUCHST:

1 kg Weißdornbeeren
2 Vanillestangen
1 Prise Zimt
1 Prise Nelkenpulver
2 mehlige Äpfel
1 Zitrone
1 Orange
250 ml Apfelsaft
300 g Zucker, je nach Geschmack
500 g Gelierzucker (3:1)

UND SO GEHST DU VOR:

Wasche die Beeren, gib sie in eine Schüssel und fülle mit Wasser auf, bis die Früchte knapp bedeckt sind. Kratze das Mark aus den Vanillestangen und gib es samt der Stangen zu den Beeren. Lass die Beeren 24 Stunden im Wasser ziehen und gib sie am darauffolgenden Tag mitsamt dem Wasser in einen großen Topf. Füge die Gewürze sowie die klein geschnittenen Äpfel ohne Gehäuse und Kerne hinzu. Schäle die Zitrone und die Orange und gib die Zesten mit in den Topf. Erhitze die Masse und lass sie mindestens zehn Minuten kochen. Gib den Apfelsaft, den Saft der Zitrusfrüchte und den Zucker hinzu. Drücke das Fruchtmus, nachdem es etwas abgekühlt ist, durch eine Flotte Lotte und vermische es mit dem Gelierzucker in einem Topf. Lass alles aufkochen und bereite die Marmelade zu. Fülle diese in Schraubgläser, verschließe diese und lass sie abkühlen.

WEISSDORNLIKÖR

1 Handvoll Weißdornbeeren
einige getrocknete Weißdornblüten
1 l Cognac
1 TL getrocknete Melisseblätter
250 g Rohrohrzucker

UND SO GEHST DU VOR:

Zerdrücke die Beeren des Weißdorns und lege sie zusammen mit den Blüten in dem Cognac ein. Gib einen Teelöffel getrocknete Melisseblätter dazu und lass das Gemisch acht Tage abgedeckt ziehen. Filtere die Flüssigkeit anschließend ab und fülle sie in ein großes Schraubglas. Gib dann den Zucker dazu und lass den Sud so lange stehen, bis sich der Zucker vollständig aufgelöst hat. Danach gut durchschütteln und in braune Fläschchen umfüllen.
Nach etwa sechs Wochen Lagerzeit kannst du den Likör genießen. Ein Schnapsglas am Tag stärkt das Herz und das Nervensystem. Achte allerdings darauf, den Likör innerhalb eines Monats zu verbrauchen, da er ansonsten nicht mehr trinkbar ist.

WEISSDORNWEIN

WAS DU BRAUCHST:
2 Handvoll frische Weißdornbeeren
und -blätter
1 Handvoll frische Beifußrispen
1 fingergroße, getrocknete
Galantwurzel
1 l Rotwein

UND SO GEHST DU VOR:

Zerdrücke die Beeren und gib sie zusammen mit den zerkleinerten Blättern, den Beifußrispen und der klein gehackten Galgantwurzel in eine Flasche. Gieße den Wein auf und lass die Mischung vier Wochen an einem dunklen Ort ziehen. Filtere die Flüssigkeit anschließend durch ein Sieb in eine dunkle Flasche.
Der Wein ist etwa ein halbes Jahr haltbar und wirkt beruhigend, durchblutungsfördernd und gefäßerweiternd. Du kannst ihn außerdem gut bei Herz-Kreislauf-Schwäche, Schwindel, Schlaflosigkeit und leichtem Bluthochdruck anwenden.

Ich war auf eine Messe eingeladen und lernte dort einige Kräuterfrauen kennen. Unter anderem eine Frau, die mit Brennnesseln arbeitete. Sie hatte einen kleinen Stand in einem der Gänge in der Ausstellungshalle. Eigentlich wollte ich schon an dem Stand vorbeigehen, denn die Brennnessel ist eine meiner liebsten Pflanzen, und ich wusste bereits so ziemlich alles darüber. Deshalb war ich mir sicher, dass sie mir nichts Neues erzählen könnte.

Doch dann sah ich kurz herüber. Und blieb erstaunt stehen. Denn die Frau nahm einen Strauch Brennnesseln, machte den Rücken eines Messeteilnehmers frei und schlug die Brennnesseln direkt auf seinen Rücken. Ich kannte dieses Ritual zwar von früher, wusste aber nicht, was dahintersteckte. Daher lief ich zu ihr und fragte nach.

Die Hexe erklärte mir, dass die Brennnessel Stoffwechsel und Durchblutung anrege und sich daher sehr positiv auf den gesamten Organismus auswirke. Es sei ein altes Entgiftungsritual und zu Hause leicht nachzumachen.

Ich war neugierig geworden und fragte, ob sie noch andere Anwendungsmöglichkeiten kenne. Sie erklärte: »Manchmal gehe ich mit den Brennnesseln schlafen.«

Ich war verblüfft. Natürlich konnte ich mir einen besseren Schlafpartner vorstellen, also fragte ich, was genau sie meine.

Sie antwortete: »Ich lege die Brennnesseln auf einen Tisch und rolle die Blätter mit einer Küchenrolle glatt. Das lässt die brennende Flüssigkeit aus den feinen Härchen treten, und so brennen sie nicht mehr, wenn sie mit der Haut in Berührung kommen. Danach gebe ich die Brennnesseln in ein paar Baumwollsocken, ziehe die Socken an und lege mich schlafen.«

Ich lachte. »Und warum tust du das?«

Sie erklärte mir, es sei eine gute Möglichkeit, über Nacht zu entgiften. Das einzig Nervige sei, dass sie in der Nacht häufiger zur Toilette müsse, weil ihre Nierentätigkeit durch die Brennnesseln derart angeregt werde.

Das war mir jedoch egal. Gleich in der nächsten Nacht probierte ich die Brennnesseln in den Socken aus. Ich muss zugeben, dass die ersten Minuten schwierig für mich waren. Als Kind war ich einmal in einen Brennnesselstrauch gefallen, und ich erinnerte mich gut an den Schmerz. Doch ich überwand meine Angst und spürte schon bald, dass es an den Fußsohlen zwar ein wenig kribbelte, jedoch nicht schmerzte. Mittlerweile gehe ich zweimal im Monat mit den Brennnesseln »ins Bett«, und das tut meinem Körper richtig gut.

Meine Großmutter war eine sehr wissende Kräuterfrau. Sie kannte die Natur, wusste um die Kraft der Weiblichkeit und konnte beides gut miteinander kombinieren. Nur die wenigsten Frauen haben heutzutage noch einen Bezug zu ihrer ureigenen Weiblichkeit, geschweige denn Zugang zu altem Wissen.

Fasziniert dich das Thema Weiblichkeit? Unsere Welt wäre um einiges ärmer ohne die Wärme und die Liebe unseres Geschlechts. Ich spreche aus eigener Erfahrung, wenn ich dir sage, dass dir eine positive weibliche Identität viel Stabilität, Kraft und Liebe spenden kann.

Leider lehnen viele Frauen die eigene Weiblichkeit ab, weil sie sie häufig mit negativen Erinnerungen an die Mutter oder Großmutter verbinden. Denn so wie die eigenen Vorfahren wollen diese Frauen niemals werden. Ich war früher genauso. Anstatt mich in meiner Weiblichkeit zu akzeptieren, versuchte ich, stärker, härter und tougher als jeder Mann zu sein. Ich lehnte ab, was meine Ahninnen mich lehren wollten – und auch meine Bestimmung als Kräutervenus.

VIER SCHRITTE ZUR URWEIBLICHKEIT

Doch was ist eigentlich eine Kräutervenus? Eine Kräutervenus verströmt aus jeder Zelle Liebe und Einklang. Sie zeigt Respekt für ihren Körper und für ihre Art zu leben, ist mit der natürlichen Entwicklung verbunden und beteiligt sich intensiv und aktiv an der inneren Arbeit des Erwachens und der äußeren natürlichen Pflege ihres Körpers. Sie begrüßt die schöpferische Kraft und verkörpert die Weisheit. Ihre weibliche Energie ist magisch und geheimnisvoll. Sie ist offen und empfänglich und tritt freudig in die Fußstapfen aller starken Frauen. Sie ist die Gestalterin ihres Lebens und spürt den tiefen Wunsch, Verbindung, Heilung, Liebe und Balance mithilfe der Natur zu fördern. Genau das macht ihre Einzigartigkeit aus.

Die weibliche Energie fließt durch dich. Sie ist eine Grundlage für besondere mentale Muster, die sich durch deinen Körper innerlich wie äußerlich ausdrücken und Form annehmen. Es ist für dich an der Zeit, all das abzulegen und loszulassen, was dich dabei behindert, deine Weiblichkeit voll auszuleben.

Gönne dir Auszeiten mit dir selbst!

Für deine weibliche Seele ist es sehr wichtig, dir gezielt Auszeiten mit dir selbst zu gönnen, um dem aufregenden Treiben des Alltags zu entkommen. Das können Wohlfühltage zu Hause nur mit dir oder deiner besten Freundin sein, eine pflegende Gesichtsmaske oder ein ausgiebiges Vollbad. Es gibt unzählige Möglichkeiten, mit Kräutern und Zutaten, die man ohnehin in der Küche hat, das eigene Zuhause in einen wahren Wellnesstempel zu verwandeln. Stell dabei deinen inneren Schalter auf JA und nimm dein Leben so an, wie es ist. Entscheide dich bewusst für dein Leben. Die wahre Lebenskunst besteht darin, im Alltäglichen das Wunderbare zu sehen.

Suche dir Vorbilder!

Was mir als bekennende Kräutervenus im Laufe meines Lebens sehr oft geholfen hat, war die Orientierung an weiblichen Vorbildern. Gibt es in deinem Leben Frauen, die dich inspirieren? Geschichten, die du hörst und bei denen du dir denkst, das würdest gerne du sein? Betrachte genau diese Frauen und ihre positiven Eigenschaften und schreibe dir auf, welche

Achte deinen Tempel!

Um diese Form der besonderen Weiblichkeit zu leben, solltest du dich in einem ersten Schritt so annehmen, wie du bist. Schließlich ist dein Körper ein Tempel, er ist dein Tempel, und das ist ein heiliger Ort. Dein Körper macht nicht nur dich aus und alles, was du in dir trägst, er bringt auch neues Leben hervor. Hadere nicht mit deinen Speckröllchen oder deiner Figur, fühle dich nicht unattraktiv und orientiere dich schon gar nicht an extrem dünnen gephotoshopten Hungerhaken. Eine Kräutervenus steht zu ihrem kurvigen, weiblichen Körper oder auch zu ihrem zarten und schmalen. Das Leben ist viel zu schön und viel zu kurz, um den lieben langen Tag über die Aufnahme der richtigen Kohlenhydrate und Fette oder das optimale Verhältnis zwischen Taille und Hüfte nachzudenken.

davon für dich und deine Weiblichkeit besonders wichtig sind. Überlege dir, wie du diese Eigenschaften in dein Leben integrieren kannst und wie sie dein Leben auf ganz besondere Weise verbessern können. Es ist wichtig, im Austausch mit anderen Frauen zu sein, um deine Weiblichkeit besser ausleben zu können und zu erfahren, was du anders machen kannst. Triff dich mit deinen Freundinnen und tausche dich mit ihnen über die verschiedensten Dinge aus. Du bist völlig frei in deinen Möglichkeiten, dich von anderen inspirieren zu lassen.

Als Frau bist du eine Schöpferin – folge deiner Leidenschaft und deiner inneren Stimme und lass dich zu den Tätigkeiten verführen, die deinem Wesen am besten entsprechen. Du bist wandelbar! Frau sein bedeutet, Flexibilität in sich zu tragen. Lebe deinen Facettenreichtum aus und versuche nicht immer, dich anzupassen. Du hast so viele Seiten und darfst sie alle leben, genau wie ich es seit vielen Jahren tue. Ich war Ehefrau, Vorgesetzte, Stiefmutter, Alleinstehende, Geschiedene, und trotzdem war ich immer ich selbst. Das ist die Wandelbarkeit, die ich meine. Erkenne die darin verborgenen Möglichkeiten und schöpfe sie für dich aus. Freue dich auf das, was vor dir liegt, auch wenn es manchmal vielleicht schmerzt. Mit jeder Veränderung zeigt dir das Leben eine neue Facette. Lass dich darauf ein, nur so kannst du eines Tages mit Gewissheit sagen: Ich habe gelebt!

Verbinde dich mit der Natur!

Finde den Zugang zu deiner Weiblichkeit in der Natur. Erlebe Wälder und Wiesen, geh raus und sieh dich draußen um. Spüre den Boden unter deinen Füßen, halte deine Hände und Füße in einen kleinen Bach. Entdecke die unwiderstehliche Kraft der Natur, fühle und verbinde dich mit Mutter Erde in ihrer reinsten Form. Erfahre bewusst all die wunderbaren Farben, die schönsten Blumen, die grünsten Wälder, sieh dir die gefärbten Blätter im Herbst an. Spüre deine tiefe Verbindung zu diesem Waldstück. Leg dich wie ein Kind mitten auf die grüne Wiese, schau in den Himmel, zähle die Wolken und atme den Geruch der Gräser und Blumen ein. Verbinde dich und spüre die Weiblichkeit der Mutter Natur tief in deinem Inneren.

Ich möchte dich unterstützen, zurück in deine ureigene Weiblichkeit zu gelangen. Das ist gar nicht schwer! Im Gegenteil, wenn du einmal das wirkliche Frausein gespürt hast, kann es dir niemand mehr nehmen. Und wenn du dann auch noch deine ersten Schritte als Kräutervenus gemacht hast, wirst du bald schon ganz in dir und deiner Mitte sein.

PRAKTISCHE TIPPS DER KRÄUTERVENUS

PEELING FÜR REINE HAUT

Zwei- bis dreimal die Woche massiere ich meine Haut mit Ausnahme des Gesichts unter der Dusche mit einem selbst hergestellten Peeling. Dafür vermische ich den Kaffeesatz aus der Espressomaschine mit einigen Löffeln Basenpulver und dem ätherischen Öl der Grapefruit und reibe damit den gesamten Körper ab. Danach gut abspülen.

KLEOPATRA-BAD

Schon Kleopatra sorgte sich um die Zartheit ihrer Haut. Sie nahm mehrmals pro Woche ein Bad, angeblich in Eselsmilch. Auch du kannst in Milch baden! Hierzu lässt du dir Wasser für ein Vollbad mit einer Temperatur von höchstens 32 Grad ein. In das Wasser gibst du maximal einen Liter Milch und zwei Esslöffel Honig. Bade so lange darin, wie du magst. Danach wird deine Haut zart wie die eines Babys sein.

PFEFFERMINZE ALS MIGRÄNEMITTEL

Wenn ich Kopfschmerzen habe, trage ich eine Fingerspitze Pfefferminzöl auf die Schläfen auf und massiere das Öl ein. Dies wirkt erfrischend und lässt den Kopfschmerz auf natürliche Weise schwinden.

LAVENDEL-BASENBAD

Der Säure-Basen-Haushalt jedes Körpers darf von Zeit zu Zeit wieder ins Gleichgewicht gelangen. Daher gönne ich mir ab und an ein heißes Bad mit drei Esslöffeln Basenpulver und ätherischem Lavendelöl, welches zusätzlich beruhigt und die Schlacken aus dem Körper entfernt.

NATÜRLICHES ANTI-FALTEN-MITTEL

Nimm das Innere einer halben Papaya, einer halben Avocado, einen Teelöffel Honig, ein Eigelb, einen Teelöffel Oliven- oder Mandelöl und mische alles zusammen. Danach trägst du die Masse als Gesichtsmaske auf. Nach fünfzehn Minuten abwaschen und strahlen.

ERDBEERZAHNPASTA

Selbst gemachte Erdbeerzahnpasta verleiht weißere Zähne und lässt sie glänzen. Püriere dafür zwei Erdbeeren und einen Teelöffel Basenpulver und trage die Paste mit einer weichen Kinderzahnbürste kreisend auf. Vergiss nach dem Ausspucken nicht, die Erdbeerreste aus den Zahnzwischenräumen zu entfernen.

MORGENDLICHES ÖLZIEHEN

Ich ziehe jeden Morgen Öl, das heißt, ich nehme eine Portion Öl, idealerweise einen Teelöffel Kokosöl, in den Mund und bewege die Flüssigkeit hin und her. Durch das Kokosöl werden die Gifte und Schwermetalle, die sich im Körper angesammelt haben, gebunden. Nach ein paar Minuten ausspucken (am besten in ein Taschentuch, damit das Öl nicht ins Grundwasser kommt) und wie gewohnt Zahnhygiene betreiben.

NAGELPFLEGE

Ein altes Heilmittel ist es, mit einem Feuerzeug die Spitzen der Fingernägel anzuzünden. Ein Trick, damit die Fingernägel schneller und schöner wachsen!

ROSENWASSER FÜR DIE HAUT

Lege einige frische Rosenblätter in Wasser und spüle dir damit die Gesichtshaut wie auch die Hände und das Dekolleté ab. Das Rosenwasser lässt deine Haut wieder strahlen und gibt ihr einen schönen rosa Teint.

DREI TEES FÜR DIE UREIGENE WEIBLICHKEIT

LUNA-MENSTRUATIONSTEE

Dieser Tee ist perfekt geeignet, wenn du unter einer unregelmäßigen oder schmerzenden Periode leidest. Trinke ihn drei bis fünf Tage vor der Blutung zwei- bis dreimal täglich. Wenn du damit bei abnehmendem Mond beginnst, kannst du die beste Wirkung erzielen.

WAS DU BRAUCHST:

15 g Frauenmantelblätter
15 g Schafgarbenblätter
10 g Brennnesselblätter
5 g Ringelbumenblüten

UND SO GEHST DU VOR:

Übergieße 1 Teelöffel der Teemischung mit 150 Milliliter kochendem Wasser und lass den Tee zehn bis fünfzehn Minuten abgedeckt ziehen. Filtere dann die Pflanzenteile heraus, zum Beispiel mit einem Sieb. Ich empfehle dir, den Tee anfangs über vier Wochen (beginnend mit der Zeit des Eisprungs) zu trinken, später für etwa zwei Wochen, beginnend fünf bis sieben Tage vor der Blutung.

HIMBEERBLÄTTERTEE BEI KINDERWUNSCH

Wer schwanger werden und der Natur ein bisschen auf die Sprünge helfen will, trinkt am besten regelmäßig Himbeerblättertee. Er fördert die Durchblutung des Beckenbereichs, entschlackt und entgiftet den Uterus und bereitet die Gebärmutter damit ideal auf die Einnistung einer Eizelle vor. Darüber hinaus fördern die Wirkstoffe der Himbeerblätter den Aufbau der Gebärmutterschleimhaut und regulieren den Zyklus. Wenn du planst, schwanger zu werden, solltest du etwa drei Monate vorher mit der Einnahme des Tees beginnen. Die besten Ergebnisse wirst du erzielen, wenn du in der ersten Zyklushälfte Himbeerblättertee trinkst und nach dem Eisprung auf Frauenmanteltee umsteigst. Zwei bis drei Tassen am Tag sind vollkommen ausreichend.

WAS DU BRAUCHST:

1–2 TL Himbeerblätter oder Frauenmantelblätter

UND SO GEHST DU VOR:

Übergieße die Blätter mit 150 Milliliter kochendem Wasser und lass den Tee fünf bis zehn Minuten ziehen. Siebe die Blätter anschließend ab und genieße den Tee.

WECHSELJAHRE-TEE

Dieser Tee gleicht depressive Verstimmungen aus und bringt den Körper zurück in Balance. Schafgarbe und Frauenmantel enthalten Gelbkörperhormone, die zur Bildung von Östrogen und Progesteron wichtig sind. Der Tee reguliert auch deinen Wärmehaushalt: Dank der Brennnessel wird das schlagartige, übermäßige Schwitzen bald ein Ende finden.

WAS DU BRAUCHST:

15 g Frauenmantelblätter
5 g Lavendelblüten
15 g Ringelblumenblüten
10 g Brennnesselblätter
5 g Schafgarbenblätter

UND SO GEHST DU VOR:

Übergieße die Blätter mit 150 Milliliter kochendem Wasser und lass den Tee fünf bis zehn Minuten ziehen. Siebe die Blätter anschließend ab und genieße den Tee, am besten zweimal am Tag.

» Hab keine Angst. Wir rufen nur Hekate!«

Ich blickte die Frau mit großen Augen an. Was tat sie da? Ich befand mich mitten im Wald und stand auf einem niedrigen Holzpfahl. Aufregung kroch mir die Wirbelsäule hoch, denn obwohl ich erst neun Jahre alt war, wusste ich, dass gerade etwas Großes, Magisches passierte.

Mein Blick ging zum Himmel. Er färbte sich in den schönsten Farben, die ich je gesehen hatte. Es war eine sommerliche Stimmung und noch warm, trotzdem spürte ich, dass mein ganzer Körper kribbelte. Ich wusste, irgendetwas würde mit mir passieren, doch ich gab mich vertrauensvoll in die Hände der Frauen, denn ich wollte mit ihnen den Weg der Hexerei gehen.

»Hekate!«, riefen die Frauen wieder. »Komm zu uns!«

Mir war nicht klar, ob Hekate eine echte Frau oder nur eine Gestalt aus dem Reich der Märchen war. Doch als die Frauen noch zwei weitere Male diese Hekate gerufen hatten, wurde mir auf einmal ganz warm ums Herz. Es fühlte sich an, als ob sich mein Brustkorb öffnete und irgendeine Energie in mich hineinfuhr.

Da ich ein neugieriges, mutiges Kind war, brannte ich darauf, zu erfahren, was als Nächstes passieren würde. Es kam mir so vor, als veränderte sich die Welt um mich herum. Die Farben wurden kräftiger, die Gerüche intensiver, und ich fühlte mich besser denn je. Ich hatte auf einmal das Gefühl, dass sich meine Hände, meine Füße, mein Oberkörper und auch mein Kopf miteinander verbunden hatten. Als ob in meinem Blut etwas zirkulierte.

Die Frau, die den anderen vorstand und die Zeremonie leitete, trat auf mich zu. »Du bist ein Kind, das zu dem Zeitpunkt, als es empfangen wurde, noch nicht entscheiden konnte, ob es die hiesige Welt betreten möchte oder nicht.«

Ich hatte keine Ahnung, was das bedeuten sollte, aber ich hörte aufmerksam zu.

»Du bist etwas Besonderes, Birgit. Mit einem Fuß bist du noch in der Anderswelt, mit dem anderen auf der Erde. Heute Abend werden wir dich ganz in unsere Sphären kommen lassen, und dennoch wirst du immer eine Verbindung in die andere Welt haben. Hekate wird uns dabei helfen.«

Sie erzählte mir, dass Hekate eine griechische Zaubergöttin sei, die Göttin der Magie und der Frauen, das Urweib alles archaisch Göttlichen.

»Pass auf, was du dir in Zukunft wünschst, Birgit. Es wird eintreffen. Auch sollst du nicht schlecht über andere Menschen denken oder dir Böses für sie wünschen. Du hast die Macht, dieses Böse eintreffen zu lassen. Das ist eine besondere Gabe, aber auch eine, die du mit Bedacht einsetzen musst.«

Ich starrte die Frau an. Was erzählte sie mir da? Ich hatte doch keine solche Kraft! Beinahe hätte ich angefangen zu lachen, aber ich riss mich zusammen. Mir war bewusst, dass es irgendetwas an mir gab, was den Kräuterfrauen gefiel. Sie weihten mich in ihren Zirkel ein – das war eine große Sache, das begriff ich schnell.

Und doch passierte nach diesem Abend erst einmal nicht viel. Ich flog auf keinem Besen umher wie Bibi Blocksberg, deren Kassetten ich in Dauerschleife hörte, und stellte auch keine magischen Kräfte fest. Natürlich, ich wurde von meiner Großmutter erzogen, einer kundigen Kräuterfrau, und kam so mit Kräutermagie und einfachen Hexenritualen in Berührung. Doch ich erkannte das nicht als Besonderheit an. Es gehörte einfach dazu.

Die Worte der Hexen verblassten in meiner Erinnerung und auch das Gefühl, das ich während der Einweihung gespürt hatte. Auch wenn mich die Frauen gewarnt hatten, wünschte ich im Laufe meiner Jugend und Pubertät nicht nur einmal einer anderen Person Schlechtes. Ich wurde älter, widmete mich meiner Ausbildung und vergaß die Hexen.

Dann, mit Anfang dreißig, war ich an einem Punkt in meinem Leben, an dem ich einiges infrage stellte. In einer Sitzung mit meiner Therapeutin, die ich damals regelmäßig besuchte, erinnerte ich mich plötzlich an den Abend im Wald. Ich erzählte ihr davon, und sie gab mir den Rat, mich noch einmal mit dieser Geschichte auseinanderzusetzen. Also fing ich an zu recherchieren – zuerst googelte

ich Hekate, deren Geist in jener Nacht in mich gefahren sein sollte. Ich erfuhr, dass sie die Herrscherin der Frauen war, eine Frau, die niemals Kinder hatte und immer die Freiheit lebte. Außerdem war sie die Wächterin zwischen den Welten. Das passte gut, denn oftmals fühlte ich mich, als ob ich nicht auf diese Welt gehörte. Gleichzeitig hatte ich das Gefühl, dass ich Dinge sah und wahrnahm, die andere nicht bemerkten.

Im Nachhinein denke ich oft darüber nach, ob mein Leben anders verlaufen wäre, wenn ich die Einweihung nicht erlebt hätte. Ich habe keine Kinder, liebe meine Freiheit und bin eine starke Frau. Ich habe mich im Laufe der Jahre noch tiefer in Hekates Geschichte eingelesen und oft das Bild der Göttin betrachtet. Dabei war mir aufgefallen, dass sie immer mit Schlangen abgebildet wurde – und ich fühlte oft eine fast magische Anziehung, wenn es um Schlangen ging.

Das Image der Schlange ist kein gutes. Es wird gesagt, dass sie falsch sind und dass man sich besser nicht mit ihnen anlegen sollte. Und trotzdem fühle ich mich ihnen verbunden. Ich kann mich gut anpassen, und zwar in dem Sinn, dass ich nicht meine eigene Meinung verliere und trotzdem die Meinung anderer wertschätze und annehme. Die Schlange ist außerdem das Symbol der Mediziner und Heiler, was jeder weiß, der schon einmal den Äskulapstab betrachtet hat.

Darüber hinaus trug Hekate immer zwei Fackeln mit sich. Die eine Fackel repräsentiert das Licht, die andere den

Schatten. Endlich wusste ich, weshalb ich stets in Extremen lebe. Ich bin liebenswert, nett und sympathisch, aber wenn man sich mit mir anlegt, kann man das bereuen. Ich habe manchmal eine gewisse Kälte in mir und gleichzeitig eine starke Wärme.

Was mir außerdem eines Tages auffiel, als ich wieder einmal das Bild von Hekate ansah: Sie hat einen Dolch in der Hand, mit dem sie alles abtrennen und beenden kann, was sie nicht mehr haben will. Das kam mir bekannt vor. Es gab früher viele Menschen in meinem Leben, die mir, zumeist unabsichtlich, Energie raubten. Mittlerweile habe ich gelernt, meine Energie bei mir zu behalten und mich zu trennen, wenn ich merke, dass mich jemand dieser Energie berauben will.

Hekate gilt als Schicksalsgöttin. Ich habe mich einst entschieden, auf die weiße Seite der Magie zu gehen, und bereute es nie. Das Interessante ist jedoch, dass es in meinem Leben immer zwei Wege gab; zwei Anteile, die in mir ruhen. Ich heiße Birgit Ursula, und dieser Name verbindet die beiden Extreme. Birgit ist eine kalkulierende Geschäftsfrau, Ursula hilft den Menschen und bezieht die magische Kreativität in sich ein. Früher haderte ich oft mit diesen beiden Seiten, doch seitdem ich begriffen habe, dass mich gerade die Dualität ausmacht, bin ich zufriedener. Alles darf sein, wie es ist. Hekate ist eine innere Haltung für mich. Ich habe erst in meinen Dreißigern verstanden, warum ich so bin, wie ich bin – anders. Heute weiß ich, dass es gut so ist.

Durch die Göttin lernte ich, mich zu akzeptieren. Ich gehe seitdem achtsamer und freundlicher mit mir um. Heute weiß ich, dass ich für mich der wichtigste Mensch in meinem Leben bin, und das hat nichts mit Egoismus zu tun; das ist Selbstliebe.

Ich habe in den vergangenen Jahren außerdem gelernt, wie ich ein ausgeglichener Mensch sein kann. Hekate hat mir gezeigt, was für mich und meinen Organismus, meine Psyche wie auch meine Seele wichtig ist. Ich möchte dir verraten, mit welchen zehn einfachen Schritten ich mich nach und nach zu mir selbst bewegt habe. Und wer weiß? Vielleicht entdeckst du ja auch bald die Göttin in dir, wenn du einige meiner Regeln auf dein Leben anwendest.

DIE ZEHN GOLDENEN REGELN

1. Starte magisch in den Tag

Allem Anfang wohnt ein Zauber inne – und auch jedem einzelnen Tag. Ein morgendlicher Spaziergang oder ein kleines Ritual können bei mir Wunder bewirken! Eines meiner liebsten Rituale, um der Göttin zu huldigen, ist: Ich fülle morgens etwas Wasser in ein Schälchen und stelle es auf meinen Schreibtisch. Wenn der nächste Morgen beginnt, leere ich das Wasser aus und fülle neues ein. Das verdeutlicht mir, dass alles, was gestern gewesen ist, vorbei ist. Es ist nicht mehr in diesem Glas, es darf neues Wasser kommen – die Schale darf frisch befüllt werden. Das hilft mir, einen neuen Tag zu beginnen und das Alte hinter mir zu lassen.

2. Entdecke die innere Hexe

Ich übe mich regelmäßig in Selbstreflexion und empfehle auch dir, ab und an in dich hineinzusehen. Schau dir alle Facetten deiner Persönlichkeit an. Gibt es Dinge, die du gerne umsetzen möchtest, aber aufgrund deiner Umgebung nicht umsetzen kannst? Dann raus aus deiner Komfortzone! Deine innere Hexe ist immer bei dir. Auch wenn du Angst hast, dass anderen nicht gefällt, was du umsetzen möchtest: Tu es. Nur so hast du die Möglichkeit, den Anteilen, die du in dir trägst, gerecht zu werden.

3. Verzaubere die Nacht

Meine Großmutter hat früher immer zu mir gesagt: »Wenn du einen schlechten Tag hattest, schlaf erst mal eine Nacht darüber.« Ich habe diesen Rat ein wenig an meine Lebensumstände angepasst. Wenn ich einen schlechten Vormittag hatte, lege ich mich eine Stunde hin und versuche, mich auszuruhen. Nach dem Aufwachen beginne ich den Tag einfach von vorn und mache auf diese Weise vergessen, was mich gestört hat.

4. Lade die Zauber-Akkus wieder auf

Kennst du das? Es gibt Menschen, die laden einfach alles bei dir ab. Probleme, negative Energien oder sogar ihre schlechte Laune. Ich habe eine Methode für mich entwickelt, wie ich mich davon befreien kann. Ich stelle mir vor, mit der Person in einem leeren Raum zu sein. Ich stehe ihr gegenüber und sage dann: »Ich gebe dir deines zurück, und du gibst mir meines zurück!« Sinn der Übung ist, dass ich meine Energie zurückbekomme und die negativen Schwingungen von mir abschüttle.

5. Finde deine Kinder-Hexe

In einem Traum begegnete mir einmal Hekate und gab mir den Rat, mein inneres Kind wiederzufinden. Sie meinte, ich solle wieder Neugierde spüren und die Welt mit den Augen eines Kindes betrachten. Damals ging ich nach dem Traum eine Runde spazieren und beherzigte ihren Rat. Ich sah Blumen, wie ich sie noch nie zuvor gesehen hatte, Käfer, die auf der Wiese herumkrabbelten, hörte plötzlich wieder Vogelgezwitscher, und ich verlor mich völlig in diesen Empfindungen. Das hatte ich sehr lange Zeit nicht mehr getan. Seitdem versuche ich, meine Umgebung aufmerksamer wahrzunehmen, und bin überrascht, wie oft es mir gelingt. Ohne Handy und sonstige Ablenkungen.

6. Sortiere reinigend aus

Ein Grundsatz von Hekate ist: Wähle weise, mit wem du dich umgibst. Natürlich kann man sich gewisse Menschen nicht aussuchen, zum Beispiel die Verwandtschaft oder Arbeitskollegen. Aber du kannst entscheiden, mit wem du deine Zeit verbringen möchtest und mit wem nicht, und so deinen Energiehaushalt viel besser ausgleichen. Es reicht oft schon, öfter mal Nein zu sagen und sich innerlich abzugrenzen. Vielleicht fällt es dir mit folgender Übung leichter: Nimm ein Blatt Papier und zeichne die Personen auf, von denen du dich zukünftig abgrenzen möchtest; auf der gegenüberliegenden Seite malst du dich selbst. Mit einem Bleistift zeichnest du nun in der Mitte einen Strich, eine wirkliche Abtrennung zwischen dir und diesen Menschen. Allein diese Visualisierung ist schon sehr wirksam – wenn du Glück hast, verabschieden sich die Personen selbstständig von dir.

7. Werde eine Traumhexe

Erlaube dir, wieder zu träumen! Es ist dabei nicht wichtig, ob es ein kleiner oder ein großer Traum ist. Ich träume immer in Superlativen, also sehr groß. Denn ich habe gelernt, dass mich große Träume über die eigenen Grenzen hinaustragen. Deswegen umgebe ich mich auch oft mit Menschen, die reicher, erfahrener oder schöner sind als ich, die mehr Liebe zu geben haben, als ich es jemals für möglich gehalten hätte. Von diesen Menschen lerne ich, denn ich erfahre, was alles möglich ist – und wohin mich meine Träume bringen können.

8. Suche die Stille

Mindestens einmal im Jahr begebe ich mich an einen Ort der Stille. Das kann ein Schweigekloster sein oder auch ein Apartment in Portugal mit Blick aufs Meer, in dem ich zwei Wochen nur mit mir verbringe. Es ist wichtig, von Zeit zu Zeit den Kopf auszumisten, denn nur so kann ich klare Gedanken fassen. Einfach ist das allerdings nicht, denn gerade in diesen Zeiten beginnt die innere Stimme oft zu sprechen, und das kann schmerzen. Ich praktiziere häufig die Schatzkisten-Übung, um den Kopf zu leeren. Stell dir vor, dass du alle negativen Gedanken in eine Schatzkiste verfrachtest. Ich persönlich übergebe diese Schatzkiste anschließend einem imaginären Fluss und schaue ihr nach, bis sie am Horizont verschwindet. Wenn mir alles zu viel wird, stelle ich mir auch vor, wie ich mit einem Besen das Innere meines Kopfes ausfege.

9. Aktiviere die Kraft des Spiegels

Wenn ich Menschen treffe und mir irgendetwas an ihnen besonders gut gefällt, tue ich zwei Dinge: Erstens kommuniziere ich, was mir gefällt. Es tut mir nicht weh, dieses Kompliment auszusprechen, im Gegenteil: Es verbindet mich mit anderen Menschen und zaubert ihnen ein Lächeln ins Gesicht.

Zweites versuche ich, mir das anzueignen, was mir so gut gefällt. Ich frage Menschen, die zum Beispiel ein besseres Auftreten als ich haben, wie sie das geschafft haben, was sie anders machen als ich. Sie sind mein Spiegel, und ich lerne von ihnen. Tag für Tag.

10. Bedenke immer: Schweigen ist Gold

Wir haben es schon so oft gehört, und trotzdem fällt es schwer, es zu beherzigen. Aber: Schweigen ist Gold. Viele wollen ihre Weisheiten weitergeben. Hekate half Menschen, aber nur, wenn sie um Hilfe baten. Wenn sie es nicht taten, tat auch sie nichts.

In einem weiteren Traum, in dem mir Hekate begegnete, erzählte sie mir eine Geschichte von zwei Kapitänen. Jeder hatte ein Schiff, auf dem sich viele Menschen befanden. Ein Sturm zog auf. Der eine Kapitän sah, dass der andere Kapitän vollkommen überfordert war, und verließ sein Schiff. Er schwamm zum anderen Kapitän, um zu helfen. Eine hehre Tat! Doch was passierte mit dem eigenen Schiff? Es ging unter! Er konnte zwar die andere Besatzung retten, doch sein eigenes Schiff erlitt Schiffbruch.

Auch du kannst helfen und für andere da sein, aber vergiss nicht dein eigenes Schiff. Es ist führerlos, wenn du ins Meer gesprungen bist, um einem anderen zu Hilfe zu eilen. Sei für Menschen da, die Unterstützung brauchen, jedoch vertraue auch auf die Selbstverantwortung dieser Personen. Jeder bekommt nur das, was er tragen kann.

DIE RÄUCHERHEXE: ANNA KOLDINGS

Anna Koldings war dafür bekannt, das Wetter und die Natur zu beeinflussen. Hauptsächlich arbeitete sie mit Kräutern, die sie verbrannte und mit denen sie räucherte. Anna lebte in Dänemark und war eine der Hauptangeklagten der Hexenprozesse von Kopenhagen im Sommer 1590. Sie wurde neben anderen angeklagt, das Schiff von Prinzessin Anne von Dänemark auf dem Weg nach Schottland, wo ihre Hochzeit mit König Jakob I. stattfinden sollte, in einem großen Sturm fast zum Kentern gebracht zu haben. Auch als kurz darauf das Schiff des schottischen Königs in einen schrecklichen Sturm geriet und beinahe auf Grund lief, verdächtigte man Anna Koldings, mit der Sache zu tun zu haben.

Im Prozess gestand sie, den Sturm heraufbeschworen zu haben. Man befand sie für schuldig und verbrannte sie mit zwölf anderen Frauen vor dem Schloss Kronborg in Helsingør.

GEHEIMNISVOLLE RÄUCHERLEHRE

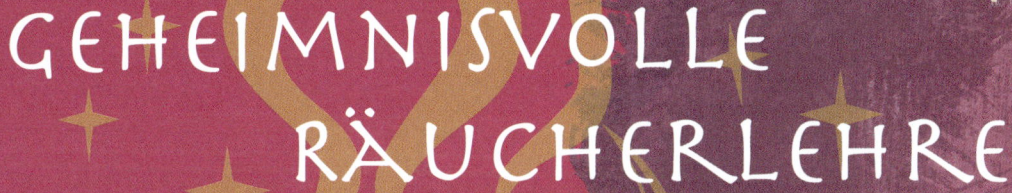

Rauch ist alles ird'sche Wesen;
Wie des Dampfes Säule weht,
Schwinden alle Erdengrößen,
Nur die Götter bleiben stet.

Friedrich von Schiller

ZAUBER, DIE IN RAUCH AUFGEHEN

Das Räuchern ist eine der ältesten Traditionen der Menschheitsgeschichte. Man versteht darunter das indirekte Verglimmen von getrockneten Pflanzen, Kräutern, Blüten, Wurzeln, Hölzern oder Harzen. Tatsächlich brennen die Räucherwerke nicht selbst, sondern entfalten durch die Erhitzung lediglich ihre ätherischen Öle und Wirkungen. Heute wird das Räuchern vor allem von Hexen und Schamanen angewandt, tatsächlich war es früher gang und gäbe, Räume, Häuser oder sich selbst auszuräuchern, um negative Energien zu vertreiben.

Als Hexe glaube ich daran, dass alles, was geschieht, eine Spur hinterlässt. Das können innere Blockaden im eigenen Körper sein, aber auch Ereignisse, die an einem bestimmten Ort vonstattengehen und eine Art energetischen Fußabdruck hinterlassen. Sicher hast du schon einmal davon gehört, dass jemand fest davon überzeugt ist, der Geist einer verstorbenen Person befinde sich noch in einem Haus oder einer Wohnung und beeinflusse die Lebenden mit seiner Energie. Egal, ob du an Geister glaubst oder nicht: Wenn etwas in einem Raum vorgefallen ist, bleibt die Energie in diesem Raum hängen. Stell dir eine Situation vor, in der du dich fürchterlich mit deinem Partner oder einem anderen Menschen gestritten hast. Selbst wenn der Streit beigelegt wurde, die energetische Spur bleibt oft im Raum verhaftet.

Räuchern hilft, alle negativen Energien aus einer Räumlichkeit zu entlassen. Deswegen räuchern Hexen insbesondere:
- vor dem Einzug in ein neues Heim
- nach einem Umbau
- nach drastischen Veränderungen
- nach dem Entrümpeln oder Großputz
- nach einer Krankheit

Und natürlich auch dann, wenn ein natürliches Bedürfnis besteht, einmal sprichwörtlich »frischen Wind« in das Zimmer oder Haus zu lassen.

JAHRTAUSENDEALTE RÄUCHERKUNST

Räuchern lässt sich sehr vielseitig anwenden und einsetzen. Die Räucherkunst eignet sich auch für die menschliche Aura. In vielen Teilen der Welt war und ist Räuchern ein Teil der Kultur. Das Verräuchern von Harzen und Kräutern ist eine uralte Kunst, deren Ursprung so alt ist wie die Menschheit und die Nutzung des Feuers. In allen Hochkulturen wurde schon vor Tausenden von Jahren geräuchert. Bereits von den Urvölkern wurden Räucherzeremonien abgehalten, insbesondere von den Kelten und später auch von den germanischen Stämmen. Seit Jahrtausenden werden in Indien zeremonielle Räucherungen (beispielsweise bei buddhistischen Opferungen) zu Ehren der Götter vorgenommen.

Bei den nordamerikanischen Indianern werden vor bestimmten Zeremonien sowohl Räume als auch teilnehmende Menschen geräuchert, um vor schädlichen Energien gereinigt und geschützt zu sein (z. B. bei einem Schwitzhüttenritual). Geräuchert wird zur Heilung von Krankheiten sowie zur Huldigung der Götter. Im Rauch werden Orakel befragt, und es heißt, dass die Seelen der Pflanzen mit dem Rauch aufsteigen.

Nicht nur zur Reinigung, sondern auch dann, wenn Menschen Kontakt mit den unsichtbaren Sphären aufnehmen wollten, bedienten sie sich der Räucherung. Die heutigen Räucherungen unterscheiden sich im Grunde nicht von denen der alten Zeit, wenngleich sich die Beweggründe dazu oftmals verändert haben. Heute räuchern wir vor allem, um die Raumatmosphäre zu harmonisieren oder aus gesundheitlichen Gründen. Das Räuchern wird aber nach wie vor auch als sakrales Element benutzt, um die Schwingungen im feinstofflichen Bereich auszugleichen und die Anrufung der Götter zu intensivieren. Warum sonst schwenken die Katholiken in der Kirche kokelnden Weihrauch?

DER EINSTIEG INS RÄUCHERRITUAL

Mit profundem Räucherwissen lässt es sich nicht nur mental reisen – du kannst dir und anderen auch wieder mehr Lebensqualität geben oder mit dem aufsteigenden Rauch Wünsche als Botschaft an den Himmel senden. Die Räucherkunst unterstützt dich dabei,

- körperliche und psychische Disbalancen auszugleichen,
- Seelen von Verstorbenen von Orten zu entfernen und ins Licht zu schicken,
- fremde Energien aufzulösen und
- negative Blockaden mit dem entsprechenden Räucherwerk verschwinden zu lassen.

DIE AUSRÜSTUNG

Für ein Räucherritual brauchst du wirklich nicht viel:
- ein feuerfestes Gefäß oder ein Stövchen
- Räucherkohle
- eine Zange, um die glühenden Kohlen ggf. beiseitezuschieben
- Kräuter oder Harze
- eine Räucherfeder

Einsteigern, die sich noch keine Räucherausrüstung zulegen wollen, empfehle ich, mit einem einfachen Glas und einem Teesieb zu experimentieren. Dafür stellst du einfach ein Teelicht in das Glas und hängst das Sieb (achte darauf, dass es nicht brennbar ist!) mit deinem Räucherwerk darüber. Das (selbst gebaute oder gekaufte) Stövchen hat den Vorteil, dass du die Kohle entzünden und dein Räucherwerk darauflegen kannst, ohne dich weiter darum zu kümmern.

Du kannst aber auch auf einem Tellerchen oder in einer Schale räuchern und den Prozess des Räucherns aktiver gestalten, indem du mit der Schale umhergehst und den Rauch so im ganzen Raum, bis in die letzten Ecken, verteilst. Achte allerdings darauf, dass du nicht zu lange auf einem Teller räucherst, denn mir ist es nicht nur einmal passiert, dass die starken Energien den Teller zerbrechen ließen. Ich verwende deswegen lieber eine gusseiserne Pfanne, die ich mit Vogelsand ausstreue, bevor ich die Räucherkohle hineinlege – es geht aber beispielsweise auch mineralisches Katzenstreu. Der Sand oder das Streu dämpfen die Hitze, sodass die Räucherkohle direkt in der Pfanne entzündet werden kann.

Zum Entzünden der Kohle reicht ein kurzer Kontakt mit offenem Feuer, da die Kohlestückchen meist mit Salpetersäure getränkt sind und sich dadurch sofort anzünden lassen. Nicht erschrecken, es wird erst einmal ein bisschen funken und knallen – das ist ganz normal, wenn sich die Räucherkohle entzündet. Wenn das Kohlestück keine Funken mehr sprüht, ist es für die Räucherung bereit; es glüht nun und hat die perfekte Temperatur, um die Harze oder Kräuter (am besten in dieser Reihenfolge nacheinander, denn die Harze brauchen etwas länger, um ihre Duftstoffe freizugeben) zu räuchern.

Wenn du ohne Stövchen oder Teesieb arbeitest, also dein Räucherwerk direkt auf die Kohlen gibst, achte darauf, nicht zu viel davon zu nehmen, da sonst der gesamte Raum binnen Sekunden verqualmt ist.

Achtung!

Mittlerweile ist es für viele Räume gesetzlich vorgeschrieben, dass Feuermelder installiert sind. Diese solltest du vor deiner Räucherung unbedingt für die Dauer des Rituals ausschalten – ansonsten hast du ganz schnell die Feuerwehr im Haus, und das wird richtig teuer. Bitte nicht vergessen, die Feuermelder nach dem Ritual wieder zu aktivieren!

EXKURS: DIE SCHAMANISCHE RÄUCHERFEDER INDIVIDUELL GESTALTEN

Zum gründlichen Verteilen des Rauchs eignet sich eine einfache Vogelfeder. Ich habe mir jedoch ein etwas aufwendigeres Werkzeug zum Räuchern gebastelt: eine schamanische Räucherfeder.

Jede Räucherfeder sieht anders aus – du kannst sie ganz individuell gestalten und dabei jedes natürliche Material verwenden, das du magst oder das für dich eine Bedeutung hat.

Federn eignen sich nicht nur gut zum Verteilen des Rauchs, sie gelten auch als Boten aus dem Jenseits und werden dem Licht und der Sonne zugeordnet. Mit ihrer Hilfe kannst du die Energien während deines Rituals und den Rauch lenken oder an eine bestimmte Stelle schicken.

FÜR EINE EIGENE SCHAMANISCHE RÄUCHERFEDER BRAUCHST DU:

- Federn
- ein stabiles Trägermaterial, in das du die Federn hineinstecken kannst
- Leder oder Pelz
- eine Kordel aus Hanf oder Leder

UND SO GEHST DU VOR:

Sammle Federn in der Natur, oft findest du sie im Wald oder in Parks oder frag bei einem Hof in deiner Nähe nach. Natürlich kannst du die Federn auch im Internet bestellen, vor allem, wenn du beabsichtigst, außergewöhnliche Federn zu benutzen, die man nicht so häufig findet.

Schneide dir dein Trägermaterial so zu, dass es gut in der Hand liegt. Neben Blumensteckschaum eignet sich auch ein Korken, in den du einige Löcher bohrst.

Stecke die Federkiele in dein Trägermaterial. Wickle anschließend etwas Leder oder Pelz um das Trägermaterial – das ist der Griff der Räucherfeder.

Befestige alle Materialien mit einer Kordel und knote diese fest zusammen. An diese Kordel kannst du auch Perlen oder andere Gegenstände hängen, wenn du möchtest.

Professionelle Räucherhexen benutzen Federn mit einem Metallkiel, da sie diesen bei der Arbeit mit glühender Kohle verwenden können: Mit ihm lassen sich verbrannte Kräuter oder ausgeglühte Kohlestücke in der Räucherschale ganz einfach zur Seite schieben, ohne dass Gefahr besteht, sich zu verbrennen. Für den Anfang sind eine einfache Feder oder eine selbst gebastelte schamanische Räucherfeder aber absolut ausreichend.

RÄUCHERN – SO MACHST DU ES RICHTIG

Wenn du dein Zuhause ausräucherst, um negative Energien zu bannen, nimm dir hierfür genug Zeit. Richte alles her und konzentriere dich auf den Zweck der Räucherung. Es sollten immer alle Räume der Wohnung ausgeräuchert werden. Die Nebelschwaden dürfen dabei ganz dicht sein und den ganzen Raum komplett einnebeln. Stell dir vor, wie der Rauch alles mitnimmt, was dich blockiert. Male dir aus, wie die Nebelschwaden destruktive Energien aus jedem noch so kleinen Eck aufnehmen. Räuchere Raum für Raum mit Ruhe und Bedacht.

Während des Räucherns lässt du die Fenster geschlossen, denn der Rauch darf sich für ein paar Minuten, am besten sogar für Stunden mit den negativen Energien verbinden. Damit du nicht mitgeräuchert wirst, kannst du in der Zwischenzeit zum Beispiel einen kleinen Spaziergang machen – achte jedoch darauf, dass die Kohle nicht ungeschützt weiterglüht.

Danach solltest du gründlich lüften, damit alles abziehen kann. Du wirst erstaunt sein, wie gut sich der Raum danach anfühlt: luftig, leicht, befreit und mit einer positiven Atmosphäre. Wenn du besonders wirksam sein willst, gehst du pro Raum drei Runden im Uhrzeigersinn und formulierst während der Räucherung gute, auf den Raum bezogene Wünsche.

Nach dem Räuchern gehe ich mit einer Sprühflasche, in der ich abgefülltes Quellwasser aus den Bergen habe, noch einmal herum und besprühe alles. Das Quellwasser hat eine besonders hohe Mineralität und reinigt zusätzlich die Räume.

DAS PASSENDE RÄUCHERWERK

Verwende zum Räuchern grundsätzlich nur natürliche Substanzen. Künstlich hergestellte Aromen riechen vielleicht gut, doch haben sie nicht die Wirksamkeit der natürlichen Pflanzen und sind oftmals sogar giftig. Wenn du Räucherstäbchen magst, findest du weiter unten eine Anleitung dafür, wie du sie selbst herstellen kannst. Ich bin mir nämlich sicher, dass du bald schon lieber eigene Räuchermischungen benutzt, anstatt fertige zu kaufen.

Die Magie des Räucherns kommt aus dir selbst – Bücher, Anleitungen oder Leitfäden können dich inspirieren, sollten jedoch nie mehr als eine Anregung sein. Alles, was wir lesen, hören und lernen, basiert auf Überlieferungen, Traditionen, Auslegungen und persönlichen Interpretationen von Autoren oder Lehrern. So auch in unserem Fall. Deshalb hör auf deine Intuition, sie wird dich zum richtigen Kraut leiten und dir zuverlässig verraten, welches Räucherwerk in welchem Raum angemessen und hilfreich ist.

WAS DER RAUCH DIR SAGT

Während du räucherst, darfst du dem aufsteigenden Rauch einige Beachtung schenken. Denn wie er in die Luft aufsteigt, verrät dir schon viel über die grundsätzliche Energie an einem Ort. Zieht er spontan in kleinen verquirlten Strudeln nach oben ab, herrscht schon eine gute Energie vor. Möglicherweise zieht er in eine bestimmte Richtung – wende dich dieser Zimmerecke als Erstes zu. Zieht der Rauch hektisch und durcheinander ab, weißt du, dass eine aggressive, angespannte Energie im Raum vorhanden ist, die es auszugleichen gilt.

EXKURS: RÄUCHERSTÄBCHEN SELBST GEMACHT

Natürlich kannst du Räucherstäbchen auch im Handel kaufen – allerdings gibt es nur sehr wenige, die ohne chemische Zusatz- oder sogar giftige Stoffe auskommen. Eine gute Idee ist es daher, die Räucherstäbchen selbst herzustellen – zwar eine etwas aufwendige, aber wunderbare Arbeit und auch als ein tolles Geschenk einsetzbar, das von Herzen kommt. Außerdem kannst du bei einem selbst gemachten Räucherstäbchen deine eigene Duftmischung verwenden. Nicht zuletzt ist die eigene Herstellung preiswerter als die gekauften Varianten.

DEIN PERSÖNLICHES RÄUCHERSTÄBCHEN

WAS DU BRAUCHST:

2 EL Weizenmehl
1 EL Zucker
350 ml Wasser
10 EL getrocknete Pflanzenteile wie Rosenblätter, Schalen von Zitrusfrüchten, Lavendel, Rosmarin, Zimt, Nelken usw.
1/2 Räucherkohle-Tablette
4–5 EL zerstoßenes Harz (Fichtenharz, Weihrauch, Myrrhe oder Ähnliches)
Schaschlik- oder Bambusspieße

Als Erstes stellst du den Mehlkleber her. Hierfür vermengst du Mehl und Zucker mit dem Wasser zu einer homogenen, klumpenfreien Masse, die du anschließend unter ständigem Rühren zum Kochen bringst. Lass die Masse ein bis zwei Minuten ohne Hitze quellen, damit ein fester Brei entsteht. Dann abkühlen lassen.

Zerkleinere in der Zwischenzeit die Pflanzenteile und die Räucherkohle, am besten in einem Mixer oder Mörser. Achtung, das Harz darf nicht in den Mixer, da es diesen verkleben würde! Mische anschließend das Harz unter die trockenen Zutaten. Grundsätzlich gilt: Je feiner die Pflanzenteile gemahlen und das Harz zerkleinert ist (am besten mit einem Messer oder Ähnlichem), desto besser kannst du die Masse anschließend modellieren und desto gleichmäßiger brennen die Stäbchen ab.

Sobald der Mehlkleber kalt genug ist, dass du ihn anfassen kannst, kannst du ihn mit der Kräutermischung vermengen. Nimm dazu drei Teile der Mischung und einen Teil Mehlkleber. Walke die Masse, bis ein zäher Brei entsteht, der die Konsistenz von Knetmasse hat. Wenn die Masse zu klebrig ist, kannst du noch mehr trockene Zutaten beimengen. Ist sie zu trocken und fällt auseinander, fehlt noch etwas Kleber.

Forme die Masse dann zu einer kurzen, dicken Rolle, die du immer schmaler knetest, bis sie eine lange Wurst ist. Drücke das Stäbchen hinein, wenn die Rolle in etwa so lang wie das Stäbchen ist, und modelliere die Masse dann gleichmäßig um den Holzstab herum. Falls die Masse während diesem Vorgang zu trocken wird, kannst du sie mit etwas Wasser befeuchten.

Lege die fertigen Räucherstäbchen auf ein mit Backpapier ausgelegtes Backblech und lass sie im Backofen bei 40 Grad Umluft für etwa 45 Minuten trocknen. Schau ab und an nach, ob die Masse schon komplett durchgetrocknet ist – denn dann sind deine selbst gemachten Räucherstäbchen fertig!

DEIN ERSTER MAGISCHER HAUSPUTZ

Um dir zu zeigen, wie einfach die Reinigung mit Räucherwerk ist, empfehle ich dir zu Beginn eine einfache Hausreinigung mit Salbei. Diesen kannst du für eine allgemeine Räucherung für so ziemlich jeden Zweck einsetzen.

RAUMZAUBER MIT WEISSEM SALBEI

WAS DU BRAUCHST:

feiner Sand
eine Räucherschale oder ein zum Räuchern geeignetes Gefäß
einige Stücke Räucherkohle
Weiße Salbeiblätter, frisch oder getrocknet
eine Kerze
eine Feder

UND SO GEHST DU VOR:

Fülle den Sand in deine Räucherschale und lege zwei bis drei Stücke Räucherkohle darauf. Streue die Salbeiblätter darüber und entzünde eine Kerze, die dir eine innere Begleitung bei der Reinigung sein soll. Schließe die Augen und bitte in Gedanken darum, dass sich alle Energien dorthin bewegen, wo sie sich entwickeln können. Achte darauf, die Fenster geschlossen zu halten, damit die alten Energien sich binden können. Gelüftet wird im Anschluss.

Entzünde die Räucherkohle. Sobald sie abgebrannt ist und nur noch glüht, nimm die Schale in die eine Hand, die Feder in die andere. Suche dir eine Ecke des Raums aus und stelle dich hinein. Geh leicht in die Knie und halte die Räucherschale mit dem aufsteigenden Rauch zuerst ganz nach unten. Bewege die Feder über der Schale von links nach rechts, um den Rauch zu verteilen. Geh aus der leichten Hocke langsam nach oben, bis du wieder stehst, sodass der Rauch wirklich die gesamte Ecke ausgefüllt hat.

Wiederhole das Ritual in allen Ecken des Raums, wobei du sie im Uhrzeigersinn nacheinander abläufst und dabei auch nicht die Wände auslässt. Vergiss nicht, mit der Feder über den Rauch zu streichen, damit sich dieser ideal verteilt. Wenn du die Feder vom Rauminneren in Richtung Außen bewegst, streichst du alles aus dem Haus, was dort nicht hingehört. Sprich laut aus, was du dir Neues in deinem Haus wünschst (Freude, Harmonie, Gesundheit, Mut, Kraft, Liebe, Klarheit …).

DAS RÄUCHERWERK UND SEINE WIRKUNGEN

Grundsätzlich gilt: Du kannst jede Pflanze und jedes Harz räuchern, sofern dir der Geruch zusagt. Allerdings gibt es einige Gewächse, die beim Verbrennen giftige Stoffe entwickeln, daher empfehle ich dir zum Einstieg, es mit den traditionellen Zutaten zu versuchen, die ich dir nachfolgend vorstelle.

DIE WICHTIGSTEN KRÄUTER UND HARZE

ALANT – DAS ERHELLUNGSKRAUT

Der Alant kommt ursprünglich aus Anatolien und wächst heute in ganz Europa. Die Pflanze ist aufgrund ihrer großen, gelben Blütenköpfe leicht zu erkennen, ihre Wurzel wird in der Naturheilkunde vor allem bei Kopf- und Magenbeschwerden eingesetzt. Unter mystischen Gesichtspunkten sagt man, dass die geräucherte Alantwurzel hilft, dunkle Tage zu erhellen und die Lebensfreude zurückzuerlangen.

BALDRIAN – DAS SCHUTZKRAUT

In der Botanik ist der Baldrian auch als Valeriana bekannt, was so viel wie »gesund sein« bedeutet. Die Pflanze wurde über die Jahrhunderte in verschiedenen Bereichen eingesetzt, etwa um Augenleiden zu heilen, aber auch zur Seuchenbekämpfung. Der Überlieferung nach hält ein getrockneter Strauß Baldrian Schlechtes fern und verhilft zum Glück. Für Räucherungen eignet sich vor allem die Wurzel des Baldrians, die Geborgenheit und Harmonie verströmt.

Meine Großmutter sagte oft: »Wenn du Baldrian in den Mund nimmst und jemanden küsst, liebt dich die Person!« Früher hängten sich Hexen gern ein Baldrianbüschel in den Raum. Bewegte sich das Büschel, wenn ein Fremder die Stube betrat, wussten sie, dass sie sich vor schwarzer Magie schützen mussten.

BENZOE – DAS ABWEHRENDE HARZ

Unter Benzoe versteht man das Harz verschiedener Styraxbäume, die in Südostasien, vor allem in Thailand, Vietnam und Kambodscha wachsen. Benzoe duftet herbsüß und hilft dir, zu deiner natürlichen Harmonie zurückzukehren. Es wirkt entspannend und ausgleichend.

Früher glaubte man, dass eine Räucherung mit Benzoe negative Wünsche und den bösen Blick vertrieb. Wenn du das Gefühl hast, dass Menschen dir gegenüber neidisch sind und dir Schlechtes wünschen, nimm ein Foto von dieser Person und räuchere es mit Benzoe aus, damit sich alles klären darf.

ENGELWURZ – DAS WEISSE MAGIEKRAUT

Engelwurz wird auch Angelika genannt und wächst in unseren Breiten wild. Früher wurde die Engelwurz gegen die Pest eingesetzt, ihr Name leitet sich aus einer biblischen Geschichte ab, in der die Pflanze als Heilmittel auf die Erde geschickt wurde. Aus Wurzel und Samen kann ein Öl hergestellt werden, das vor allem bei Verdauungsproblemen eingesetzt wird.

Geräuchert löst Engelwurz Ängste und kann als Schutz gegen Albträume eingesetzt werden. Auch zur Reinigung alter Häuser ist die Engelwurz sehr gut geeignet, da sie die Seelen der Verstorbenen zurück zum Licht führt. Es heißt außerdem, dass Engelwurz Glück, Erfolg und Gesundheit anzieht.

FICHTENHARZ – DAS HARZ ZUR VERBINDUNG IN DIE ANDERSWELT

Unter dem Sammelnamen Fichtenharz fasst man alle Harze zusammen, die von Nadelhölzern gewonnen werden. Du kannst es selbst in der Natur finden oder getrocknet und in größere Teile zerstoßen kaufen. Es hilft, alte Wunden heilen zu lassen, und reinigt insbesondere den Brustraum. Darüber hinaus fördert es die Konzentration.

Aus alten Überlieferungen weiß ich, dass die Ausräucherung mit Fichtenharz Erfahrungen aus der Vergangenheit vergessen lässt und hilft, diese loszulassen. Die Fichte ist dem griechischen Meeresgott Poseidon geweiht, aus ihrem Holz wurden die Schiffsmasten erbaut. In ihnen wohnten angeblich die Baumgeister, die nachts als Klabautermänner die Masten verließen und ihr Unwesen auf dem Schiff trieben. Meine Großmutter riet bei einem Trauerfall immer, Fichtenharz vor die Tür zu stellen, damit der Verstorbene gut in die Anderswelt hinüberbegleitet wurde.

LAVENDEL – DIE BERUHIGENDE HEILPFLANZE

Dem Lavendel werden seit jeher viele Wirkungen zugeschrieben. Neben seinem beruhigenden Einfluss heißt es, dass Lavendel als Räucherwerk das dritte Auge öffnet und zu Visionen verhilft. Er wird aber auch zum Schutz von Kindern und Babys eingesetzt – und rüstet dich gegen Blutsauger aller Art. Durch seine reinigende und desinfizierende Wirkung kannst du den Lavendel sehr gut für die Ausräucherung nutzen. Meine Großmutter legte mir immer ein Lavendelkissen neben das Bett, damit ich im Traum meine Zukunft sehen könnte.

MINZE – DAS ERFRISCHENDE RÄUCHERWERK

Die Minze kommt ursprünglich aus England, wo sie vor rund 300 Jahren gezüchtet wurde. Sie wirkt heilend und desinfizierend, sowohl über den Mund eingenommen als auch über die Nase – deswegen wird sie so gern in Kaugummis und Mundsprays verwendet. Als Räucherwerk hat sie eine erfrischende Wirkung, weckt den Geist und klärt die Gedanken. Beim Räuchern verwendet man das gesamte Kraut kurz vor der Blüte. Minze lässt sich sehr leicht selbst züchten, ernten und trocknen.

Scheherazade, die Erzählerin der Geschichten in *1001 Nacht*, hat vor Sonnenaufgang angeblich in Minze gebadet, und auch im alten Griechenland gab man das Kraut in Badewasser und rieb sich die Arme damit ein, um zu Kräften zu kommen.

ROSE – DAS INNERE TEMPEL-RÄUCHERKRAUT

Die Rose sieht nicht nur schön aus, ihre getrockneten Blütenblätter sorgen bei einer Räucherung auch für eine angenehme, würzige Atmosphäre und sollten bei keinem Liebesritual fehlen. Der Rose wird eine verbindende und versöhnende Wirkung nachgesagt, weshalb sie besonders vor schwierigen Gesprächen einen Raum ideal vorbereiten kann.

Im Altertum war sie ein Symbol der Verschwiegenheit. Viele alte Orden hängten Rosen ins Zimmer, um die Inhalte von Gesprächen nicht ins Außen kommen zu lassen. Einige Geheimorden wie zum Beispiel die Rosenkreuzer malten das Symbol der Rose sogar als Ordenszeichen auf ihr Kreuz. Meine Großmutter war der Meinung, dass die Rose verborgene Weisheiten und Talente wiedererwecken könne.

ROSMARIN – DAS GÖTTLICHE GEWÄCHS

Rosmarin ist dir sicher schon häufiger in der Küche begegnet. Doch auch als Räucherwerk eignet sich die Pflanze sehr gut, denn sie wirkt reinigend und konzentrationsfördernd. Da ich nicht die Beste in der Schule war, räucherte meine Großmutter immer mit Rosmarin aus, um meine Konzentration zu stärken. Darüber hinaus wird Rosmarin als Aphrodisiakum eingesetzt. Auch der Prozess des Loslassens kann von ihm verstärkt werden.

Der Rosmarin wird bereits in der Bibel erwähnt. Der Überlieferung nach breitete Jungfrau Maria auf der Flucht aus Ägypten ihren Mantel über einen Rosmarinstrauch, dessen weiße Blüten Maria zu Ehren sich daraufhin blau färbten. Am Weihnachtsmorgen werden die Zweige seitdem als Zeichen der Erlösung geräuchert.

SALBEI –
DAS UNIVERSELLE HEILKRAUT

Nicht nur in Lutschbonbons entfaltet der Salbei seine Wirkung. Er reinigt Räume nach Streitereien und wirkt aufbauend. Außerdem sorgt er für Klärung und die Stärkung des Gedächtnisses. Salbei kannst du sehr gut selbst ernten und trocknen lassen, um die Blätter anschließend beim Räuchern zu verwenden.

Nach Streitereien räucherte meine Großmutter oft mit Salbei, denn das Kraut reinigt und klärt. Auch zum Schutz vor negativer Energie und zum Aufbau der Wohnungsaura ist Salbei hervorragend geeignet. Du verwendest ihn am besten in Kombination mit Weihrauch.

WEIHRAUCH –
DER SCHWEISS DER GÖTTER

Als Weihrauch bezeichnet man das luftgetrocknete Harz des Weihrauchbaums. Er findet nicht nur in der Kirche, sondern auch in der Heilkunde Verwendung, da er Keime tötet, Wunden heilen lässt und die Stimmung aufhellt.

Weihrauch solltest du nicht allein räuchern, denn er öffnet Tür und Tor zur Anderswelt. Die alten Ägypter nannten Weihrauch auch den »Schweiß der Götter«, und er wurde oft bei rituellen Zeremonien verwendet. In der Antike sagte man ihm nach, er solle den Tod und Krankheiten fernhalten. Heute gibt es Weihrauchtabletten, die das Gehirn beleben und gegen Alzheimer und Demenz helfen sollen.

WACHOLDER –
DAS WEHRHAFTE KRAUT

Aus Wacholderbeeren wird Gin gemacht – aber die kleinen Früchte steigern als Räucherwerk auch die Abwehrkräfte und können dir so durch die Erkältungszeit helfen. Da der Rauch eine desinfizierende Wirkung hat, wird er oft zur Reinigung von Krankenzimmern verwendet. Auch das Holz des Wacholders kann geräuchert werden: Es hat eine aufbauende und heilende Wirkung und unterstützt den Kontakt zur Anderswelt.

In alten Hexengeschichten wurde dem Wacholder nachgesagt, böse Mächte und Krankheiten vertreiben zu können. Alte Hexen hängten sich Wacholder im Haus auf und schützten sich so vor schwarzer Magie. Er bricht alte Flüche und ist ein gutes Mittel gegen Geister und Dämonen.

STYRAX –
DAS BERUHIGENDE HARZ

Bei Styrax handelt es sich um ein sehr klebriges Harz des Styraxbaums. Da es aufgrund seiner Konsistenz schwer zu bearbeiten ist, bekommt man es hierzulande in Form von schwarzen Holzkohleplättchen, die im Harz getränkt wurden. Sie sehen ein bisschen wie sehr kleine Holzkohlen aus.

Der Duft des Styrax ist angenehm süßlich mit einer leichten Vanillenote. Das Räucherharz eignet sich bestens für Abendräucherungen, weil es beruhigt und entspannt und für ein harmonisches und ausgeglichenes Ambiente sorgt. Bei Bronchitis kann es schleimlösend wirken.

EXKURS: SCHUTZKRÄUTER UND STEINE GEGEN ELEKTROSMOG

Eigentlich weiß jeder von uns, dass es auf Dauer nicht gesund sein kann, sich permanent all den verschiedenen Strahlungen auszusetzen, die die Technik unserer modernen Welt mit sich bringt. Und doch haben wir ununterbrochen unser Handy bei uns und sind umgeben von WLAN, Radio- und Mikrowellen. Mit den folgenden Schutzkräutern und Steinen kannst du bei regelmäßiger Anwendung dafür sorgen, dass deine Aura gereinigt wird und du dich vor allzu schädlicher Strahlung schützt.

HANDY-RÄUCHERUNG

Viele Menschen haben ihr Handy sogar im Schlafzimmer dabei. Moderne Hexen räuchern ihre Handys, um die Strahlung zu minimieren. Hierfür werden Ringelblume und Thymian verwendet. Nimm ein Räuchergefäß und entzünde die Kräutermischung auf der Räucherkohle. Halte das Handy über den aufsteigenden Rauch. Du kannst das Handy auch in ein Kräuterkissen mit dem WLAN-Schutzkraut schieben und das Gerät so über Nacht reinigen.

WLAN-SCHUTZKRAUT

Auch wenn es im Mittelalter noch kein WLAN gab, war es schon damals wichtig, sich vor auf den Organismus einwirkenden Kräften zu schützen. Thymian, gelber Steinklee, gelbes Labkraut, Ringelblume, Farnkraut, Walnussblätter und Bärlapp zählten zu den bekanntesten Abwehrkräutern. Sie sollten den Organismus entlasten und wurden vor allem als Kräuterkissen verwendet. Den Kräutern wird nachgesagt, dass sie während der Ruhephase wirken. Der Atem wird tiefer, so kann durch die eingeatmeten ätherischen Öle Elektrosmog ausgeleitet werden. Deshalb wird die Kräuterkombination bei modernen Hexen auch als WLAN-Schutzkraut bezeichnet.

TURMALIN

Der Turmalin-Stein wird von modernen Hexen zur Abwehr von WLAN-Strahlen und Elektrosmog verwendet. Er bringt Klarheit und ist der stärkste Schutzstein gegen negative Energie und WLAN. Leg den Stein am besten auf den Router oder in die Nähe von strombetriebenen Geräten.

BERGKRISTALL

In Kombination mit dem Turmalin verstärkt der Bergkristall, eine Unterform des Quarzes, den Turmalin in seiner Wirkung. Er befreit von negativen Energien und zieht Schmerzen und Schwermetalle aus dem Körper. Dafür legst du ihn am besten neben dein Bett oder auf den Nachttisch, wenn du schlafen gehst – aber auch im Badewasser kann er die Energien gut bündeln.

WANN UND WIE DU DAS RÄUCHERN EINSETZEN KANNST

Räuchern eignet sich für nahezu jeden Bereich – und jede Zeit. Mit dem Räuchern kannst du die Vergangenheit, die Gegenwart und die Zukunft beeinflussen. Die Vergangenheit, indem du alte Energien aus dem Haus entlässt, die Gegenwart, indem du dir eine heimelige und schöne Atmosphäre kreierst, und die Zukunft, indem du mithilfe deiner Räucherung deine magischen Fähigkeiten unterstützt.

Du kannst mithilfe des Räucherns eine energetische Reinigung vollziehen, aber auch Räume für besondere Anlässe vorbereiten. Die Wirkung des Räucherns ist wirklich enorm. Es wird überliefert, dass sich alte Hexen mithilfe von Räucherwerk Schutz und eine gute Ernte sicherten. Räucherungen verhelfen zu:

- Ruhe und Entspannung
- Klärung und Reinigung
- Konzentration und Kreativität
- schnellerer Heilung
- Achtsamkeit
- spiritueller Öffnung

Und das ist tatsächlich kein »Hexenwerk«, sondern sogar wissenschaftlich nachgewiesen. Alles, was wir olfaktorisch, also über den Geruchssinn aufnehmen, wandert in Form von Duftmolekülen nämlich auf direktem Weg in das limbische System. Es handelt sich dabei um einen der ältesten Teile unseres Gehirns, der für die Produktion unserer Gefühle verantwortlich ist. Darüber hinaus ist das limbische System das Archiv unserer Erinnerungen. Bestimmt ist dir schon einmal aufgefallen, wie intensiv manche Gerüche, die du wahrnimmst, Erinnerungen in dir hervorrufen. Genau diesen Umstand machen wir uns beim Räuchern zunutze: Wir aktivieren über das Räucherwerk bestimmte Gefühlszustände und sorgen so für eine angenehme Atmosphäre im Raum.

Meine Großmutter räucherte, wenn sie sich auf bestimmte magische Rituale einstellen wollte. Wie du weißt, haben Kräuter eine enorme Kraft – und sie wirken nicht nur in Tees, Tinkturen oder Ölen, sondern können von Mensch und Tier eben auch über die Nase aufgenommen werden und eine direkte Verbindung zu unserer Gefühlswelt aufnehmen. Manchmal, wenn ich weiß, dass mich eine Freundin mit Liebeskummer besuchen wird, lege ich noch vor ihrem Eintreffen eine bestimmte Kräuterkombination auf, um eine optimale Atmosphäre zu schaffen – und natürlich räuchere ich auch, wenn meine Freundin mich wieder verlassen hat, da ich die negativen Energien aus dem Raum befördern möchte.

JAHRES-RAD

JANUAR
Minze
(kräftigend)

FEBRUAR
Benzoe
(schützend)

MÄRZ
Wacholder-beeren
abwehrend

APRIL
Fichtenharz
transzendal

MAI
Engelwurz/Rose
glücksfördernd/talentfördernd

JUNI
Rosmarin
konzentrations-fördernd

JULI
Styrax
entspannend

AUGUST
Salbei
harmonisierend

SEPTEMBER
Lavendel
immunstärkend

OKTOBER
Baldrian
schützend

NOVEMBER
Alant
erhellend

DEZEMBER
Weihrauch
reinigend

Je nach Einsatzgebiet kannst du folgende Kräuter räuchern, um eine stimmungsvolle Atmosphäre zu schaffen und deine magischen Rituale zu unterstützen:

- Wahrsagung: Schafgarbe, Weißdornblüten, Lavendel
- Allgemeine Hexenkunst: Schafgarbe, Brennnessel, Mariendistel
- Traummagie: Ringelblume, Schafgarbe, Zimt, Melisse, Lavendel
- Geldzauber: Lavendel, Goldrute
- Spirituelle Heilung: Melisse, Frauenmantel
- Weisheit: Weißdornblüten, Lavendel
- Wunsch-Magie: Hagebutten, Spitzwegerich, Ringelblume

RÄUCHERN IM JAHRESKREIS

Im Grunde kannst du jeden Tag und so oft räuchern, wie du willst, und dabei all jene Harze und Kräuter verwenden, deren Wirkung du dir erhoffst. In bestimmten Monaten oder auch zum Wechsel der Jahreszeiten wirkt einiges Räucherwerk allerdings besonders gut:

DIE RAUNÄCHTE

Als Raunächte werden die zwölf Nächte zwischen Weihnachten und Dreikönig bezeichnet. Es ist eine ganz besondere Zeit des Übergangs: Das alte Jahr geht zu Ende und ein neues bricht an. Jetzt kannst du auf mentaler, emotionaler wie auch materieller Ebene gut entrümpeln und alten Ballast loswerden, um Platz für Neues zu schaffen, dich Kommendem zu öffnen. Daher sind Räucherungen zur Reinigung und Energetisierung in dieser Zeit besonders effektiv. Mehr zu der wichtigen Zeit der Raunächte erfährst du in Kapitel 7, »Mystische Jahreskreisfeste und der weibliche Zyklus«.

DIE WICHTIGSTEN RÄUME

Auch unter dem Jahr und bei jeder Gelegenheit bietet sich das Räuchern von Räumen oder Wohnungen an. Stell es dir wie ein kleines, energetisches Putzritual vor: Immer dann, wenn du deine Bleibe gestaubsaugt, gewischt und aufgeräumt hast, führst du, wenn du magst, im Anschluss eine Räucherung durch, um nicht nur den Staub, sondern auch die negativen Energien loszuwerden. Räuchern kannst du im Grunde überall – achte aber immer darauf, ob Rauchmelder installiert sind und welche Bestimmungen im jeweiligen Gebäude herrschen.

DEIN ZUHAUSE

Manchmal kommt es vor, dass ein Raum, egal wie gut man ihn geputzt und gelüftet hat, immer noch drückend und schwer wirkt. In diesem Fall kann es sehr gut helfen, den Raum oder sogar die ganze Wohnung gründlich auszuräuchern und die Atmosphäre damit zu neutralisieren. So können Energien transformiert werden und besser abfließen – und das hilft dir, dich wieder wohlzufühlen. Wir haben vieles verlernt und vergessen, was unsere Ahnen wussten, doch sind wir immer noch sehr sensibel für Stimmungen und das, was wir nicht mit den Augen sehen können. Ich empfehle dir, deine Wohnung regelmäßig zu räuchern – vor allem aber, nachdem dort Streit oder Auseinandersetzungen stattgefunden haben. Auch im Fall einer Trennung, eines Neubeginns, eines Umzugs oder einer besonders schwierigen Phase, eben immer dann, wenn du ein wenig frischen Wind vertragen könntest, solltest du räuchern. Denn jeder Mensch hinterlässt eine energetische Spur in den Räumen, in denen er sich aufhält. Vielleicht ist es dir auch schon einmal aufgefallen, wie sich die Stimmung im Raum verändert, wenn es dort zu einer Krise gekommen ist.

Fertige Räuchermischungen für zu Hause kannst du kaufen, allerdings ist es wirklich einfach, dir deine eigene Mischung zusammenzustellen. Außerdem kannst du so auf deine jeweiligen Bedürfnisse besser eingehen. Wenn du einen anstrengenden Job hast und abends schlecht zur Ruhe kommst, solltest du entspannende Räucherwerke wie Lavendel, Baldrian, Styrax oder Rosenblätter verwenden. Stellst du fest, dass es dir schwerfällt, dich am Wochenende vom Sofa wegzubewegen, sind anregende Räucherungen mit Minze oder Alant sinnvoller.

Für praktisch jede Räucherung empfehle ich als Grundlage Weißen Salbei. Er neutralisiert alte Energien und schafft Platz für Neues. Auch Weihrauch sollte nicht fehlen, da er sehr reinigend wirkt und die Transformation fördert. Per-

sönlich bin ich auch ein großer Fan von Drachenblut. Dieses Harz löst Blockaden und schützt.

DEIN ARBEITSPLATZ

Büros, Besprechungszimmer, Warteräume oder eine Praxis – an jedem Ort finden tagtäglich unzählige Begegnungen von Menschen statt. Da du weißt, dass jeder dieser Menschen eine energetische Spur hinterlässt, kann es sehr hilfreich sein, in regelmäßigen Abständen die Arbeitsräume auszuräuchern und so zu neutralisieren. Allerdings stößt das Räuchern am Arbeitsplatz nicht immer auf Gegenliebe, weshalb ich dir empfehle, zunächst nur deinen persönlichen Arbeitsbereich auszuräuchern und zudem vorher gegebenenfalls um Erlaubnis bei deinem Vorgesetzten zu fragen. Ich nehme Unternehmensräucherungen beispielsweise immer erst nach Betriebsschluss vor, denn dann habe ich die notwendige Ruhe, um mich wirklich auf die Räume einzulassen.

Für eine entspannte Arbeitsatmosphäre kannst du Süßgras einsetzen, nach schwierigen Gesprächen wirken Weißer Salbei und Lavendel wahre Wunder! Falls dir eine Auseinandersetzung noch bevorsteht, können Thymian und Rosmarin helfen, deine Absicht klarzumachen und deine Interessen durchzusetzen. Bei hohem Krankheitsstand kann eine Reinigung mit desinfizierenden Kräutern wie Weihrauch oder Wacholder helfen.

DER UNTERSTÜTZENDE SALZTEST

Von meiner Großmutter weiß ich, dass sie im Frühjahr und im Herbst gern mit Salz die Räume reinigte. Dafür legte sie eine gute Handvoll grobes Salz in jede Ecke der Wohnung – entweder lose oder, wenn wir unsere Katzen im Haus hatten, in einer Schale. Je nachdem, welche Farbe das Salz nach drei Tagen annahm, konnte sie erkennen, welche Energien sich dort verfangen hatten und was den Energiefluss blockierte. Sie räucherte dann in ebenjenen Ecken, in denen das Salz besonders verfärbt war, und stellte ein neues Salzschälchen auf. Diesen Vorgang wiederholte sie so lange, bis das Salz weiß blieb und die negativen Energien damit aus dem Raum gelassen waren. Das sagt die Färbung des Salzes über die Raumenergie aus:

- schwarze Färbung: Eine alte, starke Energie, die durch massiven Streit oder Wutausbrüche entstanden ist, hält sich noch in den Räumlichkeiten auf. Räuchere mit Weihrauch und Salbei, um sie ziehen zu lassen.
- grüne Färbung: In diesem Raum fanden viele Meinungsverschiedenheiten und traurige Phasen statt. Räuchere mit Fichtenharz und Wacholder, um die negativen Energien zu entlassen.
- braune Färbung: Kummer und Krankheiten hängen noch in den Räumlichkeiten fest und verhindern den positiven Energiefluss. Räuchere mit Engelwurz, um wieder mehr Lebensfreude in den Ort zu holen.

ACHTSAM AUSRÄUCHERN – DIE ROLLE DES ERSPÜRENS

Wenn du empfänglich für Schwingungen und Gefühle bist, solltest du deinen eigenen Empfindungen beim Ausräuchern deine Aufmerksamkeit schenken. In dem Moment, in dem ich einen Raum betrete – vor allem, wenn es sich um Räume handelt, die mir nicht vertraut sind –, kommen bei mir nämlich oft Gefühle hoch. Sie zeigen mir zuverlässig und schnell, was in diesem Raum unter Umständen vorgefallen ist und worauf ich achten darf. Gleichzeitig geben sie Auskunft über mich selbst: Was ist mir widerfahren? Welche Probleme oder Gefühle haben sich unter Umständen in meinem eigenen Körper manifestiert?

Am einfachsten erkennst du, ob ein Raum hell oder dunkel wirkt, wenn du in ihm arbeitest. Empfindest du den Raum als strahlend und lichtdurchflutet, befindet sich keine negative Energie darin; solltest du jedoch das Gefühl haben, dass die Stimmung drückt, ist Ausräuchern das beste Mittel.

Schülerinnen der Hexenschule beschreiben oft, es werde ihnen rund um das Herz oder im Körper heiß oder kalt. Manchmal haben sie auch das Gefühl, dass ein kleiner Schauer über ihren Körper läuft. Wird dir heiß oder kalt? Dann kann das mit weiblichen (heiß) oder männlichen (kalt) Energien zu tun haben, die nach wie vor die Räume besetzen. Damit meine ich, dass in einem Raum eventuell die Weiblichkeit unterdrückt wurde, oder aber auch, dass in den Räumen männliche Macht und Kontrolle vorherrscht.

Achte daher auf deinen Körper – wie reagiert er? Was empfindest du? Dein Körper ist ein Radar bei jeder Ausräucherung.

DER KÖRPER ALS LANDKARTE

Wenn du etwas feinfühliger bist, wirst du beim Ausräuchern bald schon spüren, wo deine innere Stimme sitzt. Meine befindet sich beispielsweise im Ellbogen und in meinen Händen. Immer, wenn ich einen Raum zum Räuchern betrete und diese Körperstellen reagieren, bin ich besonders aufmerksam, um meiner inneren Stimme Gehör zu verschaffen. Oftmals ist der erste Gedanke, der dir in den Sinn kommt, der richtige, genau wie beim Tarotkartenlegen. Das ist die Art und Weise, wie deine innere Stimme zu dir spricht.

Nachfolgend erfährst du, welche körperlichen Empfindungen beim Ausräuchern eines Raums auftreten und was sie bedeuten können – sowohl für dich als auch für den Raum, den du betrittst.

Beim Ausräuchern kommt es darauf an, diesen Empfindungen Bedeutung beizumessen, sie wahrzunehmen und aus ihnen Rückschlüsse auf die Vergangenheit zu ziehen. Dein Körper ist dabei wie eine Landkarte, die dir den Weg zur Lösung zeigt.

KOPF

Wenn du das Gefühl hast, dass dein Kopf schmerzt, sobald du einen Raum ausräucherst, so deutet dies auf einen Wertebruch in vorangegangener Zeit hin: Die Werte eines Menschen wurden nicht ernst genommen. Auch kann es zu negativen Phasen oder Krisen (Depressionen oder Ähnliches) gekommen sein.

HALS

Schnürt sich dir der Hals zu, ist es denkbar, dass der Person, die vor dir dort lebte, oder auch dir selbst durch irgendetwas die Luft wegblieb – zum Beispiel durch einen Schock oder durch das Gefühl, nicht ernst genommen zu werden.

HERZ

Achte besonders auf deine Herzregion, wenn du einen Raum ausräucherst. Intensives Herzklopfen oder eine bestimmte Schwere im Herzen deuten auf Verlust oder Trauer, vor allem in Liebesdingen, hin. Es ist wichtig, schlechte Gefühle auch an dir selbst auszuräuchern, sonst wirken sie unbewusst weiter, obwohl die akute Phase längst vorüber ist.

BAUCH

Hast du im Bauch ein komisches Gefühl, spürst du, dass hier irgendetwas nicht in Ordnung ist, hat in dem Raum eine »Grenzüberschreitung« stattgefunden. Energetisch kann viel Wut oder Streit im Zimmer hängen geblieben sein, daher ist es wichtig, auf diese Gefühle genau zu hören und sie zu neutralisieren.

KNIE/KNÖCHEL

Wenn deine Knie oder Knöchel beim Räuchern schmerzen oder du das Gefühl hast, nicht mehr weiterlaufen zu können, waren die Vorbesitzer der Räume zumeist Menschen, die im Hamsterrad gefangen waren. Sie wollten etwas ändern, schafften es jedoch nicht. Das Gefühl des »Gefangenseins« muss nicht körperlich stattgefunden haben, sondern kann sich auf rein psychischer Ebene vollzogen haben.

Ich hoffe, die Informationen helfen dir, dich und deinen Körper beim Räuchern besser wahrzunehmen. Natürlich kann es sein, dass du gar nichts spürst, und doch wirst du vielleicht ab und an nachschlagen wollen, was von dir Erspürtes bedeuten kann. Die Ausführungen sind aber nur ein Wegweiser. Gehen musst du den Weg allein. Mit deiner inneren Stimme wirst du dies allemal schaffen. Also achte auf dich, während du einen Raum ausräucherst! Du bist nicht nur der Radar, dein Körper signalisiert dir auch deutlich, was in dem Raum oder Haus bereits passiert ist und welche negativen

Energien bis heute noch in den Räumlichkeiten verhaften. Gleichzeitig kannst du wichtige Impulse aus deiner eigenen Vergangenheit wahrnehmen, denn die Energie eines Raums kann deine eigene Energie beeinflussen.

DIE BEDEUTUNG DES WINDES

Möglicherweise nimmst du während des Räucherns Windstöße wahr, die dich frösteln oder warm werden lassen. Je nachdem, wo sie auf deinen Körper treffen, erzählen sie dir mehr über den Raum und über deine eigenen Energien. Du kannst es dir so vorstellen, dass du die Energie in einem Raum über die Gefühle in deinem Körper spürst, auf diese Weise kommuniziert der Raum mit dir. Zieht dich irgendetwas in eine bestimmte Richtung? Vertraue deiner inneren Stimme, was sie dir darüber verrät.

KOPF

Wenn du beim Räuchern am Kopf einen Windhauch spürst, gibt es noch alte Energien im Raum beziehungsweise auch in dir, die sich nicht aus der irdischen Welt lösen können oder mit denen du noch zu kämpfen hast. Es kann sich um Energien von Krankheiten handeln, die sich in der Vergangenheit manifestiert haben, oder auch von schweren Schicksalsschlägen. Schicke sie gedanklich ins Licht, damit sie dich oder den Raum verlassen können.

OBERKÖRPER

Spürst du einen Windhauch auf deinem Oberkörper oder auf deinen Händen, befindet sich noch eine Energie der Gegenwart in den Räumen. Du selbst bist vielleicht gerade in einer Phase, in der es dir nicht gut geht, oder du hast mit einem eigenen Thema zu kämpfen. Allein die Erkenntnis löst schon vieles, und mit dem Rauch darf sich dieses auch lösen.

FÜSSE

Wenn du den Windhauch an den Füßen spürst, hält dich noch etwas in deinem Leben beziehungsweise stockt die Energie in dem Raum, obwohl du vielleicht das Gefühl hast, einen Neuanfang machen zu wollen. Ursache können alte Glaubenssätze und Muster sein, Regeln, die nicht mehr stimmen, oder eingefahrene Beziehungen.

Generell zeigt die Erfahrung, dass Personen beim Ausräuchern immer auch mit sich selbst konfrontiert werden. Du hilfst also nicht nur den Räumen, sondern auch dir. Vielleicht fragst du dich, was passiert, wenn du gewisse Gefühle noch nie durchlebt hast, sie aber dennoch im Raum verankert sind? Dann wirst du sie nicht fühlen. Daher liebe ich Menschen, die im Leben schon vieles erlebt haben: Es sind die wirklichen Hexenanwärterinnen.

Es ist noch gar nicht so lange her, da fragte ein Fernsehteam an, ob ich in einem alten Schloss in Österreich ausräuchern wolle. Zuerst war ich glücklich, denn ich freute mich darüber, den Fernsehzuschauern verdeutlichen zu können, was beim Räuchern passiert. Doch je länger ich darüber nachdachte und mein Gefühl dazu befragte, desto klarer wurde mein inneres Nein. Denn um dieses Schloss ranken sich viele Geschichten. Menschen, die im Umland leben, passierten in der Nacht merkwürdige Dinge. Bilder fielen von den Wänden, Lampen kippten ohne ersichtlichen Grund um, und es kam zu unerklärlichen Stromausfällen. Vor allem dann, wenn eine Hexennacht bevorstand. Nach einigem Zögern entschied ich mich gegen eine Ausräucherung im Fernsehen.

Trotzdem ließ mich das Thema nicht los, und ich überredete den Schlossherrn, mich in das Schloss zu lassen, um dort ohne Publikum zu räuchern. Zwar fürchtete ich mich ein wenig, wollte meine Angst jedoch überwinden und vor allem die Energien des Gemäuers am eigenen Leib spüren. Die Ausräucherung wollte ich gemeinsam mit einer Kollegin vollziehen, da es in einem Gebäude mit derart alten und starken Energien zu zweit leichter gelingt. Also wartete ich an dem vereinbarten Morgen vor dem großen schweren Schlosstor. Doch meine Kollegin tauchte nicht auf. Ich rief sie an.

»Es ist wie verhext, Birgit! Ich komm nicht zu diesem Schloss. Ich hab mich hundertmal verfahren, und als ich endlich auf der richtigen Straße war, ist mir einer hintendrauf gefahren! Ich warte auf den Abschleppdienst. Es tut mir leid!«

Ich war also auf mich allein gestellt. Ich klingelte am Tor, erklärte dem Schlossherrn die Situation und bat ihn, mich zu begleiten. Ferdinand war ein Herr um die achtzig, mit einem liebevollen Lächeln und treuen Augen. Er sagte: »Mädchen, ich habe keine Angst vor den alten Energien, ich helfe dir gern.«

Also fingen wir an. Als Erstes nahm ich die Energien des Schlosses wahr. Gerade bei einer Ausräucherung ist es wichtig, nicht sofort in die Gemächer hineinzugehen, sondern sich die Umgebung anzusehen, kurz die Augen zu schließen und in sich hineinzuspüren. Ich hatte zu diesem Zeitpunkt kein schlechtes Gefühl, im Gegenteil. Es war wie eine Macht, die mich in das Schloss zog.

Wir gingen los. Ferdinand hatte massive Fußprobleme, weshalb es recht lange dauerte, bis wir die Treppen zur Eingangstür hinaufgestiegen waren und die prunkvolle Eingangshalle betraten. Links und rechts führten endlose Stufen hinauf in die anderen Stockwerke. Alte Lüster hingen von der Decke, und ich spürte, dass in dieser Halle viele Feste und schöne Ereignisse stattgefunden hatten, doch auch negative Energien ihr

Unwesen trieben. Ich hatte mich im Vorfeld absichtlich nicht über die Geschichte des Schlosses informiert, denn ich wollte die Ausräucherung offen und vorbehaltlos vollziehen.

Ich machte ein paar vorsichtige Schritte in die Halle, und auf einmal spürte ich eine Schwere auf meinem Herzen, die mir den Atem nahm. Ich hatte das Gefühl, irgendetwas hielte mich davon ab, weiterzugehen. Ferdinand blieb hinter mir stehen, und ich sah ihn fragend an.

»Es klingt sicher verrückt, aber …«, er zögerte, »… ich kann nicht weitergehen. Etwas hält mich auf.«

Ich spürte dasselbe. Mein Herz schlug wie verrückt, und eine tiefe Traurigkeit überfiel mich. Meine zu diesem Zeitpunkt bereits verstorbene Großmutter kam mir in den Sinn. In diesem Moment fing Ferdinand an, von seiner verstorbenen Frau zu erzählen, die er sehr vermisste. Er spürte die Trauer, die in dieser Halle vorherrschte, also auch.

Intuitiv griff ich zu Drachenblut. Es ist ein rotbraunes Naturharz, das sämtliche Energien bündelt – positive wie negative. Ich begann damit, meinen Körper und den von Ferdinand zu räuchern. Wir stellten uns dafür direkt über das Räucherwerk und atmeten die Dämpfe ein. Währenddessen ließen wir uns nicht aus den Augen. Nach einigen Augenblicken fragte ich ihn, ob es ihm langsam besser ging. Er nickte. Und auch ich fühlte mich befreiter.

Da man Drachenblut niemals allein räuchern sollte, legte ich Weißen Salbei nach. Als wir ein paar Minuten abgewartet hatten, fragte ich Ferdinand, ob er mit mir in den ersten Stock gehen wolle. Er bejahte, und wir stiegen langsam die Treppe hinauf. Oben ließ ich mich von meiner Intuition in einen Raum auf der linken Seite leiten, in dem ein altes Klavier stand. Überall an den Wänden hingen Spiegel, einige waren mit Tüchern abgedeckt, andere frei, wenn auch schon am Erblinden. Ich trat an die breite Fensterfront, die zum Innenhof zeigte. Weiter hinten konnte ich einen See erblicken, der zum Anwesen zu gehören schien. Da spürte ich einen Windstoß am Kopf.

Ich drehte mich zu Ferdinand um. »Ist hier ein Fenster offen?«

Er schüttelte den Kopf, und ich wusste, dass gerade etwas vonstattenging, das mit Logik und Vernunft nicht zu erklären ist. Aus dem *Buch der Schatten*, das ich geerbt hatte, wusste ich, dass der Windstoß auf eine alte Energie verwies, die sich nicht aus der irdischen Welt lösen konnte. Vermutlich eine alte Seele. Gleichzeitig musste ich an meinen Bandscheibenvorfall denken, den ich ein halbes Jahr zuvor gehabt und der mich gelähmt hatte.

Ich wandte mich meinem Räucherkoffer zu und wählte intuitiv ein Kraut, welches ich dem Drachenblut zufügte. Es war Frauenmantel – nun wusste ich, dass es sich um die Seele einer Frau handeln musste, die nicht gehen konnte. Ich schloss die Augen und ließ die Bilder zu, die in mir aufstiegen. Vor meinem inneren Auge tauchte eine sehr große, schlanke Frau mit langen, braunen Haaren und rotem Lippenstift auf, die mich um Hilfe bat.

»Ich möchte zu meinen Kindern, aber ich kann hier nicht weg. Hilf mir.«

Ich weiß, wie verrückt sich das anhören muss, und glaub mir, gerade da ich die Geschichte aufschreibe, kommt sie mir beinahe noch verrückter vor.

Plötzlich bemerkte ich, dass Ferdinand nervös auf und ab ging, und ich fragte ihn, ob alles in Ordnung sei.

Er blieb stehen. »Nein, ich glaube, ich fange an zu spinnen! Vielleicht ist bei mir irgendetwas nicht in Ordnung, aber ich habe das Gefühl, da ist noch eine Person im Raum, die dir gegenübersteht!«

Ich bekam eine Gänsehaut und erinnerte mich an einen alten Hexentrick. Wenn eine alte Seele bei einer Ausräucherung nicht gehen kann, benutzen wir eine Klingel, die kurzzeitig das Tor zur Anderswelt öffnet. Ich legte also Weißen Weihrauch und Frauenmantel nach und klingelte in den Raum hinein. Dann schloss ich wieder die Augen, und auf einmal sah ich, wie diese Frau aus dem Raum gezogen wurde. Sie wurde immer unsichtbarer, und dann war sie auf einmal weg.

Nach dieser Ausräucherung musste ich mich einen Moment ausruhen, aber Ferdinand hatte noch nicht genug. Er führte mich auf den Dachboden des Schlosses. Die Treppen knarrten beim Aufstieg, und ich spürte mit einem Mal einen Schmerz in den Knien, der mich fast am Weiterlaufen hinderte. Der Schmerz ver-

riet mir, dass auf dem Dachboden einmal Menschen gegen ihre eigenen Werte oder Vorstellungen gelebt hatten. Auch kam mir meine eigene Beziehung in den Sinn. Ich steckte gerade in einer Partnerschaft, die von großer Unfreiheit geprägt war, obwohl mir meine Freiheit eigentlich das Wichtigste war. War es langsam an der Zeit, mich aus den Fesseln zu lösen?

Ich räucherte das Treppenhaus mit Drachenblut und kombinierte dazu Weihrauch und Weißen Salbei. Weihrauch öffnet die Tür zur Anderswelt, Drachenblut entfernt alte Energien, und Salbei lässt das Positive wieder einziehen.

Dann traten wir ein, und ich nahm eine Energie wahr, die mir gar nicht gefiel. Als ich nach rechts blickte, sah ich Rohre, die an der Innenseite der Hauswand entlang nach unten führten, vermutlich bis in den Keller, wo sich die Sanitäranlagen befanden.

»Erzähl mir von diesem Raum«, forderte ich Ferdinand auf.

»Hier lebten einst die Angestellten der Schlossherren, die wie Sklaven behandelt wurden. Nicht mal die Abflussrohre der feinen Damen und Herren durften sie verwenden, um ihr Geschäft zu verrichten.«

Mithilfe meiner Räucherfeder, der Klingel und der Kräutermischung, der ich Beifuß beimischte, fing ich an zu räuchern. Ich stellte das Räucherwerk in die Mitte des Dachbodens und nahm meine Empfindungen wahr. Ich spürte Wut, Trauer und Verzweiflung in mir aufsteigen. Dann plötzlich geschah etwas Unglaubliches: Ein Donner ertönte, und eine Sekunde später zerplatzte das Räuchergefäß in tausend Einzelteile. So etwas hatte ich noch nie erlebt, und ich sah den Schlossherrn aus großen Augen an. Der ging vor Schreck drei Schritte zurück und hielt sich mit der Hand an der Wand fest.

Ich stellte mich ans Fenster und konzentrierte mich. Ich kann bis heute nicht sagen, woher ich all die Hexensprüche und magischen Formeln nehme, die mir in solchen Momenten einfallen und genauso schnell, wie sie auftauchen, wieder aus meinem Gedächtnis verschwinden. Vermutlich kenne ich sie noch aus meiner Kindheit, als mein Unterbewusstsein all die wunderbaren Dinge aufgeschnappt und sich gemerkt hat, die meine Großmutter und ihre Freundinnen stets praktizierten.

Ich murmelte also die Sätze, und auf einmal war es, als zöge mich die Erde zu ihrem Mittelpunkt. Intuitiv hielt ich mich am Fensterbrett fest und hielt dagegen, fünf Sekunden später war plötzlich alles vorbei. Ferdinand und ich ließen uns erschöpft auf den Boden sinken, wo wir eine Weile sitzen blieben, um wieder zu Kräften zu kommen. Obwohl wir nichts sagen konnten, fühlten wir uns in diesem Moment sehr verbunden, denn wir hatten gemeinsam Großes vollbracht.

Es dauerte drei Tage, bis ich wieder vollständig zu Kräften gekommen war. In diesen Tagen schlief ich eigentlich ununterbrochen. Nach diesem Erlebnis nahm

ich mir vor, derartige Ausräucherungen nur noch in Ausnahmefällen zu vollziehen. Denn es ist ein großer Unterschied, ob man in einem jahrhundertealten Gemäuer oder einer verhältnismäßig modernen Wohnung räuchert. Das bewies mir mein Erlebnis im Schloss eindrücklich.

DIE RITUALHEXE: ANNE PALLES

Anne Palles war eine dänische Hexe. Sie wurde 1619 geboren und starb 1693 als letzte Frau, die in Dänemark wegen Hexerei angeklagt und verurteilt wurde.

Anne war eine sehr gute Giftmischerin und lehrte andere in ihrer Kunst. Dabei verfolgte sie das Ziel, den menschlichen Organismus durch die Gifte zu reinigen, nicht etwa zu vernichten. In diesem Buch ist sie die Schutzpatronin der übersinnlichen Hexenrituale und Energiearbeit.

Im Jahr 1692, Anne war bereits 73 Jahre alt, wurde sie der Hexerei bezichtigt. Man warf ihr vor, einen Gerichtsvollzieher durch Einsatz von Magie und Hexenritualen verzaubert zu haben. Im Verlaufe der Untersuchung fand man heraus, dass es viele Menschen gab, die etwas gegen Anne hatten: Man beschuldigte sie, die Ernten verdorben und Häuser zerstört zu haben.

Im Verhör gab Anne zu, eine Hexe zu sein. Später behauptete sie, man habe ihr gedroht, ihr die Zunge herauszureißen und sie bei lebendigem Leib zu verbrennen, sollte sie ihr Geständnis widerrufen. Sie tat es dennoch, doch nun glaubte ihr niemand mehr. Am 2. November 1692 wurde Anne Palles zum Tode verurteilt. Der König gab ihrem Gesuch nach, sie vor der Verbrennung enthaupten zu lassen.

ÜBERSINNLICHE SCHUTZRITUALE

Frauen sind die Holzwolle in der
Glaskiste des Lebens.

Kurt Tucholsky

ZAUBERHAFTE ABWEHRKRÄFTE

Bevor du meine liebsten Hexenrituale zur Abwehr von Energieräubern kennenlernst, möchte ich dich in die Schutzmagie einführen und dir einen grundlegenden Einblick in die Energiearbeit geben, damit du verstehst, wie diese Disziplin funktioniert. Ich glaube fest daran, dass wir mit allem verbunden sind – dass wir Teil eines großen Ganzen sind, die meisten jedoch den Zugang zu diesem allumfassenden Wissensfeld verloren haben. Für dieses Feld gibt es viele Begriffe und Erläuterungen, die alle ein und dasselbe meinen.

HEXEREI UND ENERGIEARBEIT

Oft denken Erkenntnissuchende und Wissenschaftler, dass sie in ihren Ansichten kilometerweit voneinander entfernt sind. Im Grunde sprechen jedoch alle von denselben Dingen, nur dass sie unterschiedliche Worte verwenden. Die Esoterik kennt beispielsweise die Aura, die Energiearbeit den Astralkörper, die Naturwissenschaft das morphogenetische Feld. Gemeint ist eine Art Energiefeld rund um den eigenen Körper, mit dem wir kommunizieren und in Resonanz zu anderen Lebewesen sowie der Welt um uns herum gehen – obwohl jede Disziplin dasselbe »Ding« beschreibt, trägt es verschiedene Namen.

Ich weiß, dass es manchen Menschen schwerfällt, sich mit der Seele, der Schöpferkraft oder mit Energiearbeit zu befassen, und ich hege nicht den Anspruch, dich zu missionieren. Vielmehr wünsche ich mir, dass du verstehen lernst, dass Hexerei viel mehr ist als die Vorstellung, auf einem Besen durch die Luft zu reiten. Hexe zu sein ist eine Lebenseinstellung.

Hexerei ist allumfassend und ganzheitlich. Wir glauben an die Kraft des Schöpfers, an Bibelgeschichten, an Zaubersprüche und an das dritte Auge. Auch wenn manch einer uns vorwirft, dass wir uns bei anderen Religionen und Kulturen wahllos »bedienen«: Am Ende geht meiner Meinung nach alles auf ein und denselben Glauben, die universelle Weisheit der Welt zurück. Es gibt nur eine Wahrheit, von der ich mir wünsche, dass du sie verstehst: *Alles ist eins.*

Als Hexe glaube ich daran, dass jeder von uns eine Art Energiefeld um sich herum trägt. Manchmal gelingt es einem Ereignis, in dieses Feld einzudringen und uns Energie zu saugen – das kann eine Krankheit sein, aber auch eine Entlassung, eine Trennung und so weiter. Viel häufiger als sogenannte Schicksalsschläge erleben wir jedoch andere Menschen als Energievampire. Im Kapitel »Schutz vor Energieräubern« erkläre ich dir, wie man solche Menschen erkennt, und stelle dir einige Rituale vor, die dich vor ihnen schützen sollen.

RITUAL VERSUS GEWOHNHEIT

Aber was ist eigentlich ein Ritual? Ist es ein Ritual, wenn ich morgens die Kaffeemaschine einschalte und die Zähne putze? Nein. Denn ein Ritual unterscheidet sich von dem, was wir Gewohnheit nennen.

Ein Ritual ist genau wie eine Gewohnheit oder eine Alltagshandlung wiederholbar, doch Letztere haben einen praktischen Nutzen. Außerdem führen wir Gewohnheiten fast automatisch durch, unser Gehirn steht nämlich auf Autopilot. Ein Ritual hingegen hat nicht immer einen unmittelbaren Nutzen. Es gibt meistens ein Ziel, das dramaturgisch und symbolhaft definiert wurde.

Eine Gewohnheit führe ich nebenbei und energiesparend durch, ein Ritual mit hoher Aufmerksamkeit und sehr bewusst. Obwohl beides einen gewissen geregelten Ablauf hat, ist der Inhalt ganz anders. Während ich beim Zähneputzen oder Kaffeemachen nichts Besonderes wahrnehme, antizipiere und erlebe ich bei einem Ritual sehr viel mehr.

Die Wirkung eines Rituals ist davon abhängig, wie sehr wir es schaffen, unseren Alltag mit dem rituellen Prozess zu durchbrechen. Diese Durchbrechung nennen wir Break, den spürbaren Übergang (oder »Bruch«) vom Alltag in eine beliebige Anderswelt. Der Break dient der Entschleunigung, denn in einem Ritual geht es darum, in eine andere Welt eintauchen zu dürfen und uns Zeit für unser Vorhaben zu nehmen. Dieser Break kann sehr unterschiedlich ausfallen, dient aber als eine Art Übergang von der Realität in die magische Welt.

Wicca-Religionen, Hexerei oder Naturreligionen bilden gern einen Schutzkreis als Break, in den die Handelnden eintreten. Manchmal legen wir all unsere Kleidung ab und feiern nackt, um einen sichtbaren, ja erlebbaren Kontrast zur Normalwelt zu schaffen. Wir gehen gewissermaßen ohne Masken und in vollstem Vertrauen in den Kreis. Ein Break kann auch sein, besondere Kleidung anzuziehen, bevor das Ritual startet. So können wir uns ideal auf das Ritual einlassen und völlig darin aufgehen.

Der Mittel- oder Höhepunkt eines rituellen Prozesses ist, wenn wir völlig in die Anderswelt eintauchen und der Alltag so weit verblasst, dass Unterbewusstsein, Symbole und Emotionen mehr Kraft haben als unsere Kognition und unser Bewusstsein.

DIE KRAFT DER RITUALE

Rituelle Prozesse sind sehr unterschiedlich. Bei den einen geht es um magische Heilung, bei anderen um Meditation zum Ziele der Visionsarbeit, andere wollen Veränderungen in Gang setzen und wieder andere eine Medizin oder Kosmetik herstellen. Es kommt nur darauf an, dass das Ritual eine Auswirkung auf mich oder mein Leben hat und meinen Alltag unmittelbar verändert.

Jedes Ritual hat einen Ablauf und eine Struktur. Die Teilnehmer werden darüber informiert und wissen, welche Handlungen sie zu begehen haben. Manche Rituale fördern die sozialen Kompetenzen, andere die Gemeinschaft. Vielleicht hat man bei dir zu Hause früher gemeinsam ein Abendgebet gesprochen? Oder Hausmusik gemacht, Geburtstage auf eine bestimmte Art gefeiert? Das sind gemeinschaftsstiftende Rituale.

Der Ringtausch bei der Trauung, die kleine Büroparty beim runden Dienstgeburtstag, die Gutenachtgeschichte für die Kleinen – wir sind von Ritualen umgeben und führen sie ganz selbstverständlich aus. Auch ein Begräbnis ist im Grunde nichts anderes als ein Ritual.

Rituale können Mut, Stärke und Kraft verleihen und bedeuten immer auch Veränderung. Das ist der Sinn und Zweck, warum wir Rituale pflegen: Sie verändern uns und geben uns gleichzeitig Kraft und Halt.

Du allein entscheidest, ob eine Handlung Gewohnheit oder kraftvolles Ritual ist. Wenn ich nach Hause komme und es in meiner Wohnung etwas komisch riecht, räuchere ich oft einige Kräuter – meistens aus Gewohnheit. Ich kann diese Räucherung allerdings auch bewusst vollziehen, um etwas Bestimmtes zu bewirken. Dafür rufe ich Götter und Göttinnen (oder an was du auch immer glaubst) an, um ihren Segen zu erbitten, gehe in mich und spreche ein kleines Gebet oder suche ganz einfach nach einem besonders schönen Platz, an dem die Kräuter verglühen dürfen, und bedanke mich für ihre Kraft.

SCHUTZ VOR ENERGIERÄUBERN

Manchmal habe ich schon beim Betreten des Raums das Gefühl, dass etwas nicht stimmt. Denn dort befinden sich Menschen, die mir sofort die Energie aussaugen. Energieräuber sind überall. Es können der eigene Partner sein, die lieben Nachbarn, die beste Freundin, der Chef, Arbeitskollegen oder Familienmitglieder. Energieräuber sind keine schlechten Menschen – sie nehmen mir dennoch die Kraft, indem sie meine inneren Kräfte anzapfen, schlechte Stimmung verbreiten, kritisieren, meckern oder in Selbstmitleid versinken.

ENERGIERÄUBER ERKENNEN

Energieräubern ist nicht bewusst, dass sie anderen Energie abzapfen. Energieräuber haben selbst einen niedrigen Energiepegel. Sie sind von ihrer eigenen universellen Energiequelle abgeschnitten und nicht in der Lage, ihre Batterien selbst wieder aufzuladen. Deshalb tun sie es über andere. Die schlechte, aber vielleicht auch tröstliche Nachricht: Jeder von uns war schon einmal ein Energieräuber, bewusst oder unbewusst.

Manchmal fühlt sich eine Begegnung mit einem Energieräuber an wie ein Schlag in die Magengrube. Plötzlich fühle ich mich ausgelaugt, müde, leer, habe schlechte Gedanken oder Kopfschmerzen, verspüre eine Antriebslosigkeit und Schwere. Wenn das der Fall ist, frage ich mich oft, mit wem ich zuletzt meine Zeit verbracht habe – und fast immer finde ich einen Energieräuber, der sich in meiner Nähe getummelt hat. Zu den Energieräubern zählen:

- der Egomane (redet viel und gern, am liebsten über sich selbst, drängt sich vor, hat keine Geduld, will immer der Erste sein)
- der Miesmacher (findet in jeder Suppe ein Haar, hat immer was zu meckern, selbst das Beste wird schlechtgeredet, trampelt auf positiven Gefühlen herum, belächelt Optimisten)
- der Ausbeuter (hat kaum Zeit, wenn man ihn braucht, schenkt anderen kaum Beachtung, fordert selbige aber von anderen, erfindet auf charmante Art Ausreden)
- der Besserwisser (hat stets einen guten Rat, schert sich wenig darum, wie es dir geht, sehr belehrend, hat auf alles eine Antwort, weiß immer, was man braucht, überheblich)
- der Perfektionist (kann alles besser, Kontrollfreak, gibt kluge Ratschläge und mehr Meinung, als man erbeten hat)
- der passive Energieräuber (erschwert jedes Gespräch und gibt nichts von sich preis)
- der Schnorrer (lässt sich alles bezahlen)
- der Idealist (hält Moralpredigten und lässt nur die eigene Meinung gelten)
- der Narzisst (Meister der Manipulation, respektlos, rücksichtslos, überheblich, braucht Bewunderung)
- das Opfer (erstickt in Selbstmitleid, anstrengend, nur am eigenen Leid interessiert, ständiges Jammern, keine Eigenverantwortung)

Du kannst dich gegen Energieräuber mit unterschiedlichen Methoden zur Wehr setzen. Einige erfordern etwas Vorbereitung, andere sind im Handumdrehen durchzuführen. Probiere doch einfach mal aus, welche Methode dich am besten vor Energieräubern schützt! Im Kapitel »Rituale gegen Energievampire« stelle ich dir einige Möglichkeiten vor.

DIE ÜBUNG MIT DEM EI

Um Energieräuber sicher zu erkennen, gibt es ein uraltes Hexenritual mit einem Ei, am besten in Bio-Qualität. Die zeigen am besten, wie es um die Energien der jeweiligen Situation bestellt ist.

Überlege dir, welche Personen aus deinem alltäglichen Leben du auf ihre Energieräuberqualität untersuchen willst. Es können Arbeitskollegen und Freunde, Familienmitglieder, aber natürlich auch dein Partner sein. Hast du dich für eine Person entschieden, druckst du mit einem Farbdrucker ein Foto von ihr aus.

Nimm ein Glas und befülle es mit destilliertem oder abgekochtem und abgekühltem Wasser. Schlage das Ei auf und gib es direkt in das Glas mit dem Wasser. Stelle dann das Glas mit dem Ei auf den Ausdruck. Warte mindestens dreißig Sekunden ab und sieh dir an, wie sich das Ei verändert:

- Bleibt es in seiner Form, hast du es nicht mit einem Energieräuber zu tun.
- Verändert sich das Ei, indem es Fäden nach oben, unten, links oder rechts zieht, läuft die Energie aus, und es kann sich um einen Energieräuber handeln.

- Fäden nach oben: Es handelt sich um Menschen, die mit Existenzängsten zu kämpfen haben und ihre Unsicherheit auf dich übertragen wollen oder sich von dir Stabilität und Sicherheit erhoffen.
- Fäden nach unten: Diesen Menschen ist in der Vergangenheit viel Schlechtes widerfahren. Sie haben gelernt, mit ihren Ängsten nicht bei sich zu bleiben, sondern sie auf andere zu übertragen. Ziel ist, negative Gefühle nicht mehr spüren zu müssen.
- Fäden zur Seite: Diese Personen stecken aktuell in einer Krise – Liebeskummer, der Verlust des Arbeitsplatzes oder eine depressive Phase.

Sollte sich das Ei komplett auflösen, ist Vorsicht geboten: Menschen, bei denen das Ei dieses Bild zeigt, sind gar nicht mehr bei sich. Sie funktionieren und reagieren nur noch und bekommen nicht mehr mit, wie sehr sie die Menschen in ihrer Umgebung dabei aussaugen.

RITUALE GEGEN ENERGIEVAMPIRE

RÄUCHERN UND REINIGEN

Stell dir vor, du hast gerade eine halbe Stunde lang einen Energieräuber in deiner Wohnung oder deinem Büro gehabt und spürst, auch wenn er längst weg ist, die negative Atmosphäre im Raum. Räuchere in diesem Fall mit Weißem Salbei und Drachenblut aus, um die Aura zu reinigen. Hexen haben früher auch mit Essigwasser den Raum gereinigt, denn Essig klärt. Wenn du dazu noch ein wenig Salz in das Wasser gibst, zieht es auch die letzte negative Energie aus deinen Räumen.

Auch in Vorbereitung auf ein Treffen mit einer Person, die du als Energieräuber annimmst, kannst du diese Reinigungen durchführen.

SCHÜTZEN MIT DEM MAGISCHEN AMULETT

Es gibt seit eh und je Schutzamulette. Ich selbst habe eines mit dem Foto meiner Eltern darin. Ein- bis zweimal die Woche lege ich es auf einen Turmalin. Er klärt, schützt und stärkt mich und meine Aura.

EINE SCHUTZGRENZE ZIEHEN MIT DEM BLEISTIFT

Aus dem *Buch der Schatten* habe ich ein sehr wirksames Ritual, mit dem du Energieräuber auf Abstand halten kannst. Dafür brauchst du nur einen Bleistift. Zeichne vor deiner Wohnungs- oder Haustür einen Strich mit dem Bleistift – wie eine Grenze. Während du zeichnest, beschließt du, dass keine negativen Menschen deine Wohnräume betreten werden.

EINEN SPIEGELSCHILD IMAGINIEREN

Der Spiegelschild ist ein sehr starkes Ritual. Daher bitte ich dich, es wirklich nur in Notfällen zu verwenden, es hemmt nämlich auch deine Gefühle und Wahrnehmungen und lässt nichts mehr zu dir durch – auch nichts Positives.

Vor allem im öffentlichen Raum kann es dir aber nützen, dir vorzustellen, wie du um deinen Körper herum einen Schutzschild hochhältst, der eine verspiegelte Oberfläche hat. Kein Blick, keine Energie, nichts kann zu dir durchdringen, du bist von allen Seiten geschützt. Ich habe das Ritual bereits bei großen Menschenmengen angewendet, und es hat mir sehr geholfen.

Schließe in Situationen, in denen du dich abgrenzen möchtest, kurz die Augen und male dir aus, wie du einen imaginären Schutzschild von deinen Zehen bis hoch zu deinem Scheitel ziehst. Dieser Spiegelschild umgibt dich rundherum, du bist also optimal geschützt.

Wenn es sich um eine spezielle Person handelt, die du abwehren willst, kannst du dir vorstellen, wie dir diese Person gegenübersteht und du den Spiegel wie eine Art Schild in ihre Richtung hältst. Damit wird die Person mit sich selbst konfrontiert, und alle negativen Wünsche werden sofort dreifach an sie zurückgeschickt.

Als kleines Mädchen hatte ich natürlich keine Ahnung, dass es einen Unterschied zwischen schwarzer und weißer Magie gibt. Erst als ich älter wurde, erklärte mir meine Großmutter, was sie in jener Nacht getan hatten, als ich sie und ihre Freundinnen auf dem Mondberg beobachtet hatte: Sie hatten an Samhain ein Ritual für eine Frau vollzogen, die schwer erkrankt war und ihre Hilfe benötigte. Die klimpernden Schillinge sollten die Energien auflockern und Schwung in die ganze Sache bringen. Die Frauen wollten gegen den bösen Blick vorgehen, denn die Kranke war mit einem Fluch belegt worden.

Schwarze Magie ist sehr schädlich. Sie dringt in das Energiefeld eines anderen Menschen ein und will ihm Böses. Deshalb ist es für mich schon immer sehr wichtig gewesen, Schutzrituale zu vollziehen, um mich genau vor solchen Flüchen oder Zaubern zu schützen.

Ich selbst habe noch nie schwarze Magie angewandt, doch ich werde oft gefragt: Gibt es sie wirklich? Was kann sie bewirken? Wie schütze ich mich?

Um meinen Schülerinnen zu zeigen, was schwarze Magie kann, kaufte ich eines Tages zwei Pflanzen. Beiden ging es gut, und sie gediehen prächtig. An einem Ausbildungstag in der Schule bat ich die Hälfte meiner Schülerinnen, auf einem Blatt Papier Symbole und Merkmale der weißen Magie festzuhalten. Die anderen sollten dasselbe für die schwarzmagische Kraft erstellen. Das eine Papier klebten wir auf den Topf der einen Pflanze, das andere auf den Topf der zweiten.

Dann warteten wir einige Wochen und sahen die Auswirkungen schon bald. Die Pflanze mit dem schwarzmagischen Blatt wurde immer mickriger, sie nahm kein Wasser mehr an, das Wasser stand förmlich im Topf. Ihre Blätter waren an den Spitzen schon ganz braun und verkümmerten. Nach sechs Wochen war die Pflanze verdorrt. Sie hatte keine Blätter mehr und trocknete aus, obwohl das Wasser im Topf stand. Doch die Erde nahm es einfach nicht auf.

Was passierte indes mit der Pflanze, auf der das Plakat der weißen Magie klebte? Sie blühte nach wie vor, schöner denn je, und fühlte sich sichtlich wohl.

Ich gebe zu, ich war selbst überrascht, wie schnell die schwarze Magie bewirkte, dass die eigene Energie, der Körper und die Seele nichts mehr aufnahmen.

Vergiss bitte nicht: Negative Gedanken, Worte und Taten können genauso wirken wie schwarze Magie. Natürlich darf man wütend, traurig oder verletzt sein, doch ich bitte dich eindringlich, niemals irgendwem etwas Schlechtes zu wünschen. Dir wird es gehen wie der Pflanze, die mit der schwarzen Magie ummantelt wurde: Du wirst unter ihr leiden.

DIE ZAHLEN-HEXE: HELENA CURTENS

Helena Curtens wurde 1722 im niederbergischen Gerresheim in der Nähe von Düsseldorf geboren. Bereits mit vierzehn Jahren konnte sie Geister sehen. Trotz ihres jugendlichen Alters war sie dafür bekannt, sich mit der Magie des menschlichen Körpers zu befassen. Durch dieses Wissen konnte sie Krankheiten heilen und Menschen viel Leid ersparen. Dabei machte sie sich auch die Numerologie zunutze. Mithilfe der Geburtsdaten konnte sie errechnen, welche Krankheit einen Menschen befiel und wann er von dieser Welt scheiden würde. Sie zeichnete oft magische Zahlenkombinationen auf erkrankte Körperstellen – Tage später setzte wie von Zauberhand die Genesung ein.

Weil sie beschuldigt worden war, die »Buhlschaft mit dem Schwarzen« eingegangen zu sein, also Geschlechtsverkehr mit dem Teufel gehabt zu haben, verbrannte man sie am 19. August 1738 mit gerade einmal sechzehn Jahren.

RÄTSELHAFTE
NUMEROLOGIE

Die Zahl ist das Wesen aller Dinge.

Pythagoras

ZAHLEN, ZIFFERN, CHIFFREN: VERBORGENE GEHEIMNISSE ENTDECKEN

Vielleicht hast du schon einmal gehört, dass Zahlen nicht nur Zahlen sind, sondern oftmals etwas über einen Menschen, eine Adresse oder auch ein Tier aussagen können. Wir Hexen bedienen uns der Zahlenlehre. Mit ihrer Hilfe kannst du dein Geburtsdatum untersuchen und deine Lebenszahl herausfinden, die einiges über deine Persönlichkeit aussagt, aber auch eine Vorhersage treffen, wie sich dein Kind entwickeln wird oder warum deine Eltern so sind, wie sie sind.

Wie du weißt, ist das Geburtsdatum eines jeden Menschen ein ganz besonderer Tag: Es ist der Moment, in dem wir Teil der irdischen Welt werden, in dem unsere Seele einen physischen Körper bekommt und fortan in ihm lebt. In der Astrologie werden Horoskope nicht nur für den Tag oder die Woche, sondern sogar für das ganze Leben auf Grundlage deines Geburtsdatums berechnet. Und auch in der Numerologie oder Zahlensymbolik spielt diese Ziffernfolge eine wichtige Rolle.

MEHR ALS MATHEMATIK

Ein griechischer Gelehrter, und zwar niemand Geringerer als Pythagoras von Samos, erkannte, dass Zahlen die Grundlage des Universums bilden. Pythagoras sah, dass alles von Zahlen durchdrungen ist. Auf ihn geht der Satz zurück: »Der Bau der Welt beruht auf der Kraft der Zahlen.« Er untersuchte die kosmische Ordnung auf bestimmte Zahlenverhältnisse hin, auch studierte er den Umgang der alten Hochkulturen mit der Zahlenmystik. Sowohl bei den Maya, den Babyloniern wie auch den Ägyptern war die Numerologie ein wichtiger kultureller Bestandteil.

Natürlich bist auch du schon laufend Zahlen begegnet. In der Numerologie haben Ziffern aber keine formale, rein mathematische Funktion oder geben eine Menge oder einen Wert an. Sie werden symbolisch verstanden und verfügen über eine eigene, besondere Bedeutung. Vor allem im Brauchtum, in der Mystik und der Religion findet man diese Bedeutungen häufig wieder – und damit natürlich auch in allen Kunst- oder Bauwerken dieser Bereiche. Die Zahlen haben einen spezifischen, individuellen Charakter, wenn man so will, besondere Eigenschaften, und werden von Architekten, Künstlern, Komponisten und so weiter genau deswegen ausgesucht: weil sie Glück verheißen sollen, als heilig gelten oder die göttliche Macht symbolisieren.

ZAHLENSYMBOLIK IN DEN KULTUREN

Jeder Kulturkreis verfügt über seine eigene Zahlensymbolik. Die Zahl Vier war für die Babylonier zum Beispiel eine sehr ausgleichende, harmonische Zahl, die in Zusammenhang mit den vier Himmelsrichtungen, den vier Winden, den vier Jahreszeiten, den vier Phasen des Mondes und so weiter stand. In China gilt die Vier allerdings bis heute als Unglückszahl, da ihr Laut ähnlich wie das chinesische Wort für »Sterben« oder »Tod« klingt. Auch die Sieben ist in dieser Kultur eine Unglückszahl, wohingegen sie der Bibel zufolge eine besondere Kraft hat: Die Schöpfung umfasste sieben Tage, Johannes findet ein Buch mit sieben Siegeln, sieben Engel blasen sieben Posaunen, es gibt sieben Todsünden und sieben Tugenden. Dafür vermeiden wir Menschen der westlichen Welt bis heute die Dreizehn: In Flugzeugen gibt es keine Reihe 13, Hochhäuser besitzen kein 13. Stockwerk, und am Freitag, dem 13., sind wir immer ein wenig wachsamer als sonst.

ZAHLENENERGIE

Auch in der Hexenschule Wien haben wir eine eigene Symbolik der Zahlen. In Ritualen und Rezepten nehmen wir auf diese numerologischen Besonderheiten Bezug, indem wir Wasser beim Kaffeesatzlesen dreimal aufkochen, einen Kartenstapel beim Tarot zweimal abheben oder ein fünfzackiges Pentagramm aufzeichnen, um die magische Kraft zu verstärken.

Darüber hinaus setzen wir uns mit der individuellen Energieschwingung der Ziffern auseinander und weisen ihnen eine besondere Bedeutung zu. Jede Zahl verfügt über ein bestimmtes Wesen und gibt uns Einblicke in unseren Charakter – unsere Schwächen und Stärken wie auch unsere Lebensaufgabe. Zahlen haben Energien. Die »Numerologie der Hexen«, wie ich sie nenne, hilft uns, diese Energien zu erkennen und auf unser Leben zu beziehen. So erkennen wir, mit welchen Menschen wir es zu tun haben – und lernen, warum wir sind, wie wir sind.

DIE MAGISCHE BEDEUTUNG DER ZAHLEN

0 Die Null steht für den Anfang. In ihr ist alles und nichts. Sie ist ein vollkommenes, randvolles Gefäß und steht doch für die unendliche Leere.

1 Die Eins ist die Zahl Gottes. Sie lässt sich nicht teilen und ist die Voraussetzung für alle anderen Zahlen. Die Eins ist außerdem ein Symbol für einen neuen Anfang und die Erneuerung.

2 Die Zwei ist das Symbol für zwei Hälften eines Ganzen. Sie ist hell und dunkel, Licht und Schatten, Gegensatz und Widerspruch. Die Zwei steht auch für das Weibliche, wir ordnen ihr Eigenschaften wie Lieblichkeit und Bescheidenheit zu.

3 Die Drei ist die Zahl des Glücks und Erfolgs. Wir unterscheiden die Dreiheit Himmel, Erde und Hölle und kennen die göttliche Dreifaltigkeit: Vater, Sohn und Heiliger Geist. Dreimal auf Holz klopfen bringt Glück.

4 Als Zahl der Ganzheit ist die Vier in unserer Kultur eine Glückszahl. Sie verkörpert die vier Jahreszeiten, die vier Wochen des Monats, die vier Tagesabschnitte, die vier Elemente, die vier Mondphasen.

5 Die Fünf ist eine magische Zahl. Wir erkennen sie im Pentagramm, einem Fünfeck, das auf die Türschwelle gemalt wird und den Teufel bannt. Fünf Sinne hat der Mensch, fünf Finger die Hand, fünf Zehen jeder Fuß. Jede ungerade Zahl, die man mit ihr multipliziert, ergibt am Ende wieder die Fünf.

6 Sechs ist die vollkommene Zahl des Glücks, der Harmonie, des Gleichgewichts und der Kraft. Die Sechs zeigt sich in der geometrischen Figur des Sechssterns, dem Stern Davids. Es ist ein magisches Hexagramm.

7 Wir Hexen feiern die Sieben als heilige Zahl. In der Bibel wird sie 770-mal erwähnt. Du kennst bestimmt die Märchen von den sieben Geißlein, den sieben Zwergen, den sieben Raben, von den »Sieben auf einen Streich« und so weiter.

8 Die Zahl Acht ist ein positives Symbol, denn zwei mal vier bringt doppeltes Glück. Sie symbolisiert das Leben nach dem Tod und die Unendlichkeit. Früher haben Hexen auf Särge beziehungsweise auf Leichname die Acht geschrieben, um den Verstorbenen ein besseres Leben in der Anderswelt zu verschaffen.

9 Die Neun steht für Vollkommenheit. Sie kann mit jeder beliebigen Zahl multipliziert werden – die Quersumme ergibt immer neun. Jesus starb in der neunten Stunde, ein Kreis hat 360 Grad und die Quersumme von 360 ist neun.

ZAHLEN IM KONTEXT

In anderen Kulturkreisen, Religionen und Völkern kennt man die Magie der Zahlen ebenfalls, nur die Bedeutung kann sich unterscheiden, denn Überzeugungen werden von unserem Glauben und unserer Kultur geprägt. So kommt es, dass zum Beispiel die Zahl 13 in unserer christlichen Kultur als Unglückszahl gilt, in der jüdischen Religion und bei den Maya in Lateinamerika allerdings verehrt wird beziehungsweise wurde. Die folgende Grafik gibt dir einen Überblick über drei klassische Bereiche der Zahlensymbolik:

	GRIECHISCHE ZAHLEN-SYMBOLIK	BIBLISCHE ZAHLENSYMBOLIK	BABYLONISCHE ZAHLENSYMBOLIK
1	Gott, Sonne, Mann, Grundlage aller Zahlen	Zeichen der absoluten Vollkommenheit, Einheit, Ganzheit und Unendlichkeit: Gott ist der Eine, der Einzige	Einheit
2	Teufel, Mond, Frau	Dualität und Polarität (das Verhältnis sich gegenseitig bedingender Größen): das Männliche und das Weibliche, Stammeseltern, Altes und Neues Testament	Zweiteilung des Weltalls, oben und unten; Mond und Sonne, Winter und Sommer
3	Versöhnung von Gegensätzen, Gottesvater Zeus	Geschlossenheit und Vollständigkeit: Trinität (göttliche Dreieinigkeit aus Vater, Sohn und Geist), drei göttliche Tugenden Glaube, Hoffnung und Liebe	Dreiteilung des Kosmos in drei Sphären der Fixsterne und Dreiteilung des irdischen Alls in Lufthimmel, Erde und Ozean; auch: Vater, Mutter, Sohn
4	Materie, Gott Uranos (Himmel in Göttergestalt)	Zeichen der Vollzähligkeit, Ordnung und Balance: vier Himmelsrichtungen, Elemente und Evangelien	vier Weltecken, vier Weltrichtungen, vier Winde, vier Jahreszeiten, vier Phasen des Mondes usw.
5	Sinnlichkeit, Männlichkeit, Sexualität, Götterbote Hermes	Zeichen für die Gnade Gottes, seinen Willen und die Abhängigkeit vom Schöpfer: fünf Bücher Mose (Pentateuch), fünf Wundmale Jesu	Pentagramm, bestehend aus vier Weltecken und Venus; Woche aus fünf Tagen, die kosmischen Türme von fünf Stufen

6	Ehe, Harmonie, Göttin Aphrodite	Unvollkommenheit, Unzulänglichkeit, Menschliches mit Schwachheit und Sünde: der Mensch wurde am 6. Schöpfungstag von Gott geschaffen; auch: das Düstere, Unheilvolle oder Böse; 666 steht für den Antichristen	Zahl des Hadad (Donnergott), sechs Doppelmonate, sechs Weltalter, Sonnenrad mit sechs Strahlen
7	Geburt, Tod, Magie, Gott Poseidon	Vollkommenheit und Fülle in Gottes Heilsplan, Summe aus 3 und 4: Vollständigkeit und Ordnung. Die Welt wurde an sieben Tagen erschaffen, die Buchrolle mit den sieben Siegeln hält alle göttlichen Bestimmungen für das Ende der Welt bereit, sieben Sakramente, Tugenden und Todsünden	sieben Gestirne, sieben kosmische Türme mit sieben Stufen, sieben Locken des Gilgamesch, sieben Zweige des Lebensbaums, sieben Plejaden, sieben Hauptsterne am großen Himmelswagen, sieben Namen des Mars, sieben Wochentage mit Hervorhebung des 7. als Unglückstag, Schlange mit sieben Köpfen oder sieben Zungen, sieben Tore der Unterwelt
8	materielle Welt, Gerechtigkeit, Gott Kronos	Auferstehung und Neuanfang: acht Menschen werden auf der Arche gerettet, Auferstehung Jesu am achten Tag, die Bergpredigt enthält acht Seligpreisungen für den christgläubigen, neuen Menschen	keine besondere Bedeutung
9	Geist, Gott Ares	gesteigerte, dreifache Dreiheit (3 × 3) und Bild für die Trinität: Jesus stirbt in der neunten Stunde am Kreuz	keine besondere Bedeutung, höchstens als 3 × 3, also eine dreifache Steigerung der Zahl Drei
10	Vollkommenheit	Vollkommenheit und Perfektion, Zeichen für Gott: zehn Gebote und zehn Plagen	keine besondere Bedeutung

DIE BESONDERE GEBURTS-TAROT- ODER LEBENSZAHL

In einem unserer Module für die Ausbildung zur Magieberaterin unterrichten wir unsere Schülerinnen, wie man Lebens- oder sogenannte Geburtstarot-Zahlen berechnet. Die Lebenszahl ergibt sich aus den Ziffern deines Geburtstages und verrät dir einiges über deine Identität und dein Wesen. Es handelt sich um deine grundlegende Lebensbedeutung und sagt aus, mit welchen Eigenschaften deine Seele inkarniert ist. Vor allem aber wird dein Sinn des Lebens mithilfe der Zahl klarer. Du erkennst, warum du mit deinem Partner zusammen bist, welche Eigenschaften euch trennen und auch, welche Herausforderungen ihr meistern dürft.

WIE DU DEINE LEBENSZAHL BERECHNEST

Du berechnest deine Lebenszahl, indem du die Quersumme aus den Ziffern deines Geburtstages bildest. Ich zeige dir mal, wie sich meine Lebenszahl mithilfe meines Geburtstages errechnet:

> 15.09.1983
> › 1 + 5 + 0 + 9 + 1 + 9 + 8 + 3
> › 36 (WURZELZAHL)
> › 9 (QUERSUMME AUS 3 UND 6)
> › GEBURTSTAROT- BZW. LEBENSZAHL

Die Lebenszahl einer Person, die am 15. September 1983 geboren wurde, ist demnach die 9, die sich aus den Zahlen 3 und 6 zusammensetzt. Wir stellen das folgendermaßen dar: 36/9.

MIT DER ERSTEN ZIFFER der Wurzelzahl wird unser Innenleben beschrieben – das, wonach wir uns sehnen. Hier erkennen wir unsere unterbewussten Verhaltensmuster sowie Sehnsüchte.

DIE ZWEITE ZIFFER zeigt, wie wir im Außen wirken und uns meistens verhalten. Es ist gut möglich, dass du dich vor allem mit den positiven Eigenschaften der Zahl identifizierst.

Die Quersumme der beiden Ziffern, die Geburtstarot- beziehungsweise LEBENSZAHL, beschreibt unseren Lebensweg.

Es kann vorkommen, dass sich dreiteilige Ziffernfolgen ergeben, zum Beispiel bei der Wurzelzahl 19, deren Quersumme die 10 ergibt. In diesen Fällen rechnest du ein weiteres Mal die Ziffern zusammen und kommst so auf die Lebenszahl.

Solltest du die 11 oder die 22 errechnen, werden diese jedoch nicht mehr addiert. Es handelt sich hierbei um die sogenannten Meisterzahlen. Menschen mit diesen Lebenszahlen verfügen oft über ausgeprägte Führungsqualitäten und eine mentale Stärke, die ihresgleichen sucht. Oft werden diese Personen als »Anführer der Welt« beschrieben – allerdings nur, wenn sie ihr Talent zum Positiven einsetzen und die Meisterzahl leben. Tun sie dies nicht, haben sie die Macht, negative Energien freizusetzen.

DAS SAGT DIE LEBENSZAHL AUS

1 Die Eins ist die Zahl des Schöpfers und der Kreativität. Sie verleiht Zugang zum Göttlichen und zur Authentizität, sofern sie positiv genutzt wird, kann jedoch auch auf Dominanz, Ichbezogenheit und einen überproportionalen Machthunger hinweisen. Menschen mit der Lebenszahl Eins sind weltoffen und verantwortungsbewusst. Sie haben oft eine erfolgreiche Karriere und besetzen wichtige Positionen.

Die Eins steht im Tarot für den Magier. Menschen mit dieser Zahl haben die Aufgabe, ihre Sinnlichkeit und Anziehung wiederzufinden. Sie dürfen lernen, nicht zu bewerten, denn alles darf sein. Zeit ihres Lebens sind sie dazu aufgefordert, dieses Credo zu beherzigen. Mit ihren eigenen Fehlern und Schwächen dürfen sich Menschen mit der Lebenszahl Eins auch auseinandersetzen. Sie dürfen sie anerkennen und über sich hinauswachsen. Tun sie dies, werden sie ein wichtiger Unterstützer in der Gesellschaft.

2 Die Zwei kennzeichnet Menschen mit einer guten Intuition und Hilfsbereitschaft, Harmoniebedürfnis und der Fähigkeit, sich auf andere Wesen einzulassen. Diese Lebenszahl weist aber auch auf Ängste, Unentschiedenheit und Selbstblockaden hin. Oft haben Menschen mit der Lebenszahl Zwei mit Stimmungsschwankungen zu kämpfen.

Die Zwei steht im Tarot für die Hohepriesterin. Menschen mit dieser Lebenszahl sind stark mit der Anderswelt verbunden, auch wenn sie es nicht sofort erkennen. Sie verfügen über den sogenannten sechsten Sinn und spüren mehr als andere. Ihre Aufgabe ist es, auf die eigene Intuition und das Bauchgefühl zu hören und die Kommunikation mit der inneren Stimme an die Menschen in ihrer Umgebung weiterzugeben.

3 In der Drei erkennen wir den Schöpfer einer neuen Realität. Er hat die Chance, göttliche Liebe zu empfinden und zu geben, sowohl in der Partnerschaft als auch in der Gemeinschaft. Allerdings verweist diese Lebenszahl auch auf Bindungsprobleme und materielle Abhängigkeiten. Menschen mit dieser Lebenszahl sind häufig optimistisch und lebenslustig, häufig mangelt es ihnen jedoch an Empathie.

Die Tarotkarte der Herrscherin hat ebenfalls die Zahl Drei. Es handelt sich um Menschen, die ihre eigene Weiblichkeit oder Männlichkeit mehr leben dürfen. Sie sind dazu aufgefordert, sich von ihrem Urvertrauen leiten zu lassen und die Kontrolle an etwas Höheres abzugeben. Oft fühlen sich Menschen mit dieser Lebenszahl dazu verdammt, das Leid der ganzen Welt auf ihrem Rücken zu tragen. Sie müssen lernen, dass sie nicht jeden retten können und Schwäche zeigen dürfen. Denn gerade diese Personen werden ob ihrer Macken geliebt und bewundert.

4 Die Zahl Vier weist auf Menschen der Tat hin, die in ihrem Leben große Lernprozesse durchlaufen und oft eine Auswirkung auf andere haben. Menschen mit dieser Lebenszahl sind häufig mit einem messerscharfen Verstand gesegnet und setzen auf die Logik. Sie können deshalb zu Sturheit und Gefühlskälte tendieren – dabei sind sie im Grunde ihres Herzens ausgeglichene Charaktere, die ihrem Umfeld viel Halt verleihen.

Die Geburtstarotzahl Vier steht für den Herrscher. Es handelt sich dabei um Personen, die ein männliches Thema aufzulösen haben. Oft haben sie gelernt, sich durch Stärke und Kälte durchzusetzen. Dabei vergessen sie oft, dass ihre eigentliche Kraft ihre hohe Sensibilität ist, mit der sie viel öfter und besser Menschen begeistern und motivieren können.

5 In der Fünf erkennen wir Personen, die den Blick nach innen richten. Sie sind auf der Suche nach der Quintessenz und dem göttlichen Moment und leben ihre Fähigkeiten und Talente voll aus. Fünfer sind freiheitsliebend und abenteuerlustig und sagen der Routine im Alltag den Kampf an. Mit Verantwortung haben sie ein Problem, auch verfügen sie über dominante, kindische und eigenbrötlerische Eigenarten, die sie manchmal unzuverlässig wirken lassen.

Die Fünf wird im Tarot in Verbindung mit dem Hierophanten gebracht. Das sind Menschen, die oft auf der Suche sind und die Anerkennung der Gemeinschaft brauchen. Schwierig dabei ist, dass sie sich einerseits gern festhalten wollen, andererseits sich aber gern alle Türen offen halten. Aufgabe dieser Personen ist, zu den eigenen Entscheidungen zu stehen, egal was andere darüber denken. Gelingt ihnen dies, können sie viele Anhänger finden und in ihrem Sein glänzen.

6 Die Sechs steht für das Begradigende und Berichtigende – und für wahre Perfektionisten. Menschen mit dieser Lebenszahl ordnen alles ihrem Wunsch nach Harmonie und Schönheit, aber auch Familie und Gerechtigkeit unter. Im positiven Sinne sorgen sie für allumfassende Liebe und Zufriedenheit, allerdings kann dies, wenn diese Menschen negativ geführt sind, zu Engstirnigkeit, falschem Ehrgeiz und überzogenen Ansprüchen an andere führen.

Auch die Tarotkarte »Die Liebenden« trägt die Zahl Sechs. Menschen mit dieser Lebenszahl haben zwei Wesensanteile, die sie nur schwer miteinander vereinen können. Sie leben gern die Extreme, lieben es, allein zu sein, aber auch vollkommen in der Gesellschaft anderer aufzugehen. Sie wollen alles oder nichts. Ihre wichtigste Aufgabe im Leben ist es, das Gleichgewicht zwischen beiden Seiten herzustellen und in die Balance zu kommen.

7 Die Lebenszahl Sieben verweist auf die Sinnsucher des Lebens, die über eine hohe Feinfühligkeit, Intuition und Sensibilität verfügen und zu den sympathischen, ausgeglichenen Charakteren zählen. Oft bleiben sie an ihren eigenen hohen Erwartungen hängen und haben Schwierigkeiten, sich auf eine Partnerschaft einzulassen. Dabei geht die Liebe für diese Menschen über alles: Sie geben sich völlig hin und glauben an das große Glück.

Im Tarot trägt die Karte »Der Wagen« die Zahl Sieben. Menschen mit dieser Lebenszahl können im Laufe ihres Daseins egoistisch werden. In der ersten Lebenshälfte opfern sie sich oft auf und leiden unter dieser Bereitschaft. Erst im zweiten Lebensabschnitt erkennen sie, wie wichtig es ist, liebevoll und gerecht mit sich selbst umzugehen. Sie dürfen lernen: Ein Nein zu anderen ist oft ein Ja zu mir.

8 Wer die Lebenszahl Acht hat, ist mit großem Charisma und Durchsetzungskraft gesegnet. Personen mit dieser Lebenszahl vermögen es, andere durch ihren Tatendrang zu inspirieren, und werden eine erfolgreiche Karriere haben. Allerdings können sie sich zu echten Konkurrenzmenschen entwickeln, die im schlimmsten Fall unberechenbar, hart und hochmütig werden. Menschen mit der Lebenszahl Acht können mit Kritik nur schwer umgehen, ihre Willensstärke bringt sie aber stets ans Ziel.

Die Trumpfkarte Nummer acht im Tarot wird auch »Die Kraft« genannt. Menschen mit dieser Lebenszahl gelingt es, sich immer wieder aufzurappeln und weiterzumachen. Sie verfügen über eine unerschöpfliche Kraftquelle, die niemals zu versiegen scheint. Sie müssen jedoch lernen, mit der eigenen Energie zu haushalten und sich öfter Pausen zu gönnen.

9 Die Neun zeigt uns Menschen mit einer hohen Gabe zur Anpassung und einem hilfsbereiten Wesen. Sie leben die karmischen Gesetze und die Weisheit und verfügen über innere Schönheit. Allerdings flüchten sie sich oft in die Arbeit oder entwickeln sich sogar zu Workaholics. Außerdem sind Menschen mit dieser Lebenszahl nicht leicht zu durchschauen. Ihre soziale Ader lässt sie trotzdem angenehme Zeitgenossen sein – auch wenn sie ihr wahres Wesen nur selten offenbaren.

Auch die Trumpfkarte »Der Eremit« trägt die Zahl Neun. Menschen mit dieser Lebenszahl haben zwei Seiten: Sie hinterfragen viel und gelten als weise, brauchen aber auch Zeit für sich selbst. »Der Eremit« ist auch die Karte der Einsamkeit. Sich dies einzugestehen könnte das Lebensthema der Neun sein. Viele Hochsensible haben genau diese Zahl als Geburtstarotkarte.

11 Die Elf ist eine Meisterzahl, im Tarot wird diese Karte mit der Gerechtigkeit in Verbindung gebracht. Diese Menschen wollen es ganz genau wissen: Sie sind sehr kritisch und erkennen jeden blinden Fleck ihrer Persönlichkeit und der Persönlichkeit anderer. Ihnen werden viele Geheimnisse anvertraut. Sie sind gute Streitschlichter und können so Menschen verbinden.

22 Im Tarot wird die 22 mit der Karte 0, dem Narren, in Verbindung gebracht. Menschen mit der Lebenszahl 22 führen zumeist mehrere Leben und haben Schwierigkeiten, sich festzulegen. Sie beginnen Projekte, Berufe und Beziehungen oft neu, leben manchmal sehr ins Außen und dann wieder sehr zurückgezogen. Sie dürfen lernen, den Ausgleich zu finden, Vorhaben zu Ende zu bringen und sich selbst (und anderen) treu zu bleiben.

Ich hatte schon viele Jobs. Zum Teil waren sie schlecht bezahlt und reichten gerade aus, um meine Grundversorgung zu sichern. Ich arbeitete als Reinigungsdame und als Immobilienmaklerin, als Assistance bei einem Automobilclub wie auch als Verkäuferin. Leider habe ich, seitdem ich denken kann, ein Problem mit Autoritäten, weshalb es meist über kurz oder lang Reibereien gab und ich den Job wieder wechseln musste. Und wenn es doch mal gut lief, langweilte ich mich nach einigen Monaten zu Tode. Manchmal kam es mir so vor, als saugten mich die stupiden Arbeiten im Angestelltenverhältnis intellektuell aus. Mir fielen nach einiger Zeit Wörter nicht mehr ein, ich wurde träge im Kopf und begann, Fehler zu machen.

2007 beschloss ich, in die Schweiz zu gehen – einfach so, von einem Tag auf den anderen. Keiner, der mich kannte, verstand, warum ich eine wunderschöne Wohnung, eine funktionierende Beziehung und eine sichere Anstellung in Wien aufgab und ins Ungewisse aufbrach. Doch mein Gefühl war eindeutig: Dort würde ich den entscheidenden Impuls für mein weiteres Leben bekommen.

Ich sah mir unzählige Sendungen auf SRF, dem Schweizer Fernsehsender, an, um wenigstens ein bisschen die Sprache zu verstehen, wenn ich bei den Eidgenossen den Neuanfang wagte. Und ich ergatterte – wie immer! – zufällig einen Job, der meine Existenz sicherte. Nebenher legte ich weiterhin Tarotkarten. Interessanterweise waren die Schweizer viel offener für Spiritualität. Man belächelte mich nicht, wenn ich von meinem einträglichen Hobby berichtete, man war neugierig. Für mich eine ganz neue Erfahrung, denn in Österreich wurde das Kartenlegen doch oft mit hochgezogenen Augenbrauen kommentiert. Irgendwann fing ich auch an, virtuell zu pendeln, Horoskope zu erstellen und aus der Hand zu lesen. Im Grunde verdiente ich bald den Großteil meines Geldes mit Hexenarbeit, selbst wenn ich sie damals noch nicht so betitelte.

Immer, wenn ich als »Ursula« aus der Hand oder dem Kaffeesatz las, fühlte ich mich gut. Die andere Seite in mir, Birgit, fühlte sich jedoch immer weniger zugehörig. Ich spürte, dass ich an einem Scheidepunkt angekommen war. Weiterhin das normale Leben zu führen, angestellt zu sein, Geld für andere zu erwirtschaften kam mir nicht mehr richtig vor. Manchmal hatte ich das Gefühl, keinen Tag länger als Birgit agieren zu können. Damals arbeitete ich als Unternehmensberaterin. Ich verdiente viel Geld, hatte eine wichtige Position inne, war mit einflussreichen Personen unterwegs – und doch kam mir das alles unglaublich leer vor: die Menschen wie Hüllen, die Aufgaben, die ich in meiner Firma erledigte, bedeutungslos. Und von dem vielen schönen Geld konnte ich mir mein Glück auch nicht kaufen.

Das Einzige, was mich wirklich erfüllte, war die Hexenarbeit. Egal ob ich eine Wohnung räucherte oder eine Kaffeesatzparty veranstaltete: Mein Herz ging auf, wenn ich mit energetischer Arbeit zu tun hatte. Und so kehrte ich drei Jahre nach meinem plötzlichen Umzug in die Schweiz nach Österreich zurück. Ich war beinahe dreißig und bereit, alles auf eine Karte zu setzen. Endlich traute ich mich, es in Worte zu fassen: Ich war eine Hexe, eine moderne Hexe.

Gern würde ich sagen, dass meine Entscheidung nur Positives mit sich gebracht hat. Tatsächlich waren die ersten zwei Wochen schrecklich. Ich verlor viele Kontakte, Freunde wandten sich ab, berufliche Beziehungen gingen in die Brüche, wenn Menschen von meiner Neuausrichtung hörten. Das traf mich damals sehr und stürzte mich erst recht in die Verzweiflung. Nicht nur einmal fragte ich mich: Was habe ich getan?

Aber ich hielt durch und wurde für meine Geduld belohnt (obwohl das eigentlich keine meiner Begabungen ist). Wieder einmal kam mir der Zufall zu Hilfe. Eine Dame rief mich an und bat darum, dass ich ihr die Karten lege. Ich sei ihr von einer Freundin empfohlen worden. Da ich aber gerade in sehr schlechter Stimmung war und mein Unterfangen infrage stellte, ließ ich sie abblitzen. Es gehe mir nicht gut, versuchte ich sie abzuwimmeln, sie solle sich bitte jemand anderen suchen.

»Was ist denn los?«, fragte sie aufrichtig interessiert.

Und obwohl es nicht meine Art ist, Wildfremden am Telefon meinen Kummer zu erzählen, brachte mich etwas dazu, dieser Frau, die ich noch nie gesehen hatte, von meinen Problemen und existenziellen Fragen zu berichten.

Sie hörte aufmerksam zu. Dann erklärte sie mir, sie sei Redakteurin der österreichischen Zeitschrift WOMAN und könne mir ein großes Porträt in ihrem Magazin anbieten. »Vielleicht hilft dir das ja, wieder Fuß zu fassen. Ich glaub an dich.«

Sie brachte mich auch auf die Idee, mein Wissen in einer Hexenschule weiterzugeben – und zwar nicht unter dem Namen Ursula, mit dem ich bislang alle magischen Unternehmungen bestritten hatte, sondern als Birgit. »Verbinde endlich die beiden Herzen, die in deiner Brust schlagen«, riet sie mir.

Und was soll ich sagen? Der Artikel erschien, und die Redakteurin hatte wahrlich nicht mit Platz gegeizt: Vier ganze Seiten widmete sie mir und meiner Hexenarbeit. Schon am Tag darauf rannten mir die Leute die Tür ein. Seitdem führe ich eine erfolgreiche Hexenschule und bilde Interessierte als Magieberaterin aus. Es ist mir gelungen, meinen Wunsch nach Autarkie und mein Dasein als Geschäftsfrau endlich mit meinem Wissen über Hexenarbeit in Einklang zu bringen. Seitdem habe ich das Gefühl, angekommen zu sein.

DIE HEXE DER JAHRESKREISFESTE: MERGA BIEN

Merga Bien wurde als Tochter eines Gerbers in Fulda geboren. Ihre erste Ehe blieb kinderlos, denn sie wurde an Wilhelm Frank, einen alten Witwer, verheiratet. Als er starb, hinterließ er ihr eine Mitgift von über 56 Gulden. Das entsprach damals etwa dem Jahresgehalt eines Fuldaer Stadtschreibers. Merga heiratete in zweiter Ehe Christoph Orth, mit dem sie zunächst glücklicher war, denn das Paar bekam zwei Kinder. Der Ehemann und die Kinder starben jedoch kurz hintereinander, vermutlich an der Pest.

In ihrer Trauer fing Merga Bien an, sich mit den Jahreskreisfesten der Hexen und dem weiblichen Zyklus zu beschäftigen. Im Jahr 1588 heiratete sie zum dritten Mal, diesmal Blasius Bien, mit dem sie über fünfzehn Jahre glücklich war. Doch im Juni 1603 wurde Merga festgenommen und eingesperrt – in einen Hundekäfig, da das Gefängnis zu dieser Zeit wegen Überfüllung geschlossen war. Man bezichtigte sie der Hexerei. Ihr Ehemann Blasius setzte vor Gericht durch, dass sie nicht gefoltert wurde, denn Merga war erneut schwanger.

Kurzzeitig wurde sie entlassen, dann jedoch erneut verhaftet. Man warf ihr vor, ihren ersten Ehemann samt Kindern vergiftet zu haben. Neben einigen weiteren haltlosen Vorwürfen musste Merga auch erklären, wie sie nach vierzehn kinderlosen Jahren mit Blasius nun schwanger geworden sein könne. Egal, was die arme Frau vorbrachte, man glaubte ihr nicht. Nach mehr als drei Monaten in der Haft gab sie unter Folter schließlich zu, sich der Hexerei schuldig gemacht zu haben. Im Herbst 1603 wurde sie auf dem Gerichtsplatz in Fulda verbrannt. Mit ihr starb uraltes Hexenwissen und die Erkenntnis, dass der weibliche Zyklus und die Hexenfeste in direktem Zusammenhang stehen.

Mystische Jahreskreisfeste und der weibliche Zyklus

Mysterien sind weiblich;
sie verhüllen sich gern,
aber sie wollen doch gesehen
und erraten sein.

Friedrich von Schlegel

DIE ZYKLUSPHASEN IM EINKLANG MIT DEM JAHRESKREIS

Kennst du den Jahreskreis der Hexen? Damit sind die verschiedenen mystischen Tage und Feste im Laufe eines Jahres gemeint. Nach Hexenlehre gibt es vier Phasen im Jahr, und jede dieser Phasen ist von zwei wichtigen Hexenfesten geprägt.

Angeblich haben die Hexen den mystischen Jahreskreis erfunden und an den weiblichen Zyklus angelehnt. Merga Bien war überzeugt, dass die Jahreskreisfeste den Monatszyklus der Frau widerspiegeln und ihn auf das Jahr aufteilen.

Wie auch der Mond hat der Jahreskreis mit seinen Festen eine Auswirkung auf den weiblichen Zyklus. Blutungen können stärker oder schwächer sein, je nachdem, mit welchem Fest oder hohen Feiertag der Hexen sie zusammenfallen. Umgekehrt hat auch der Zyklus Einfluss auf die Rituale, die er genau wie der Mond verstärken kann. Der normale Zyklus einer Frau dauert zwischen 26 und 32 Tage – ist er kürzer oder länger, kann eine Hormonstörung vorliegen. Ein regulärer Zyklus ist wichtig, denn der weibliche Körper braucht Zeit, um sich hormonell zu reinigen, neue Energie zu tanken und sich auf einen neuen Zyklus vorzubereiten.

YULE
21.-23.12.

IMBOLC
31.1. AUF 1.2.

SAMHAIN
31.10. AUF 1.11.

OSTARA
20.-23.3.

MABON
21.-24.9.

BELTANE
30.4. AUF 1.5.

LUGHNASADH
31.7. AUF 1.8.

LITHA
21. JUNI

1. PHASE:
ENDE UND NEUANFANG

SAMHAIN

Die erste Woche deines Zyklus beginnt mit der Blutung, die im Schnitt vier bis sieben Tage dauert. In dieser Zeit solltest du nur sanften Sport treiben und wenig Sex haben, da deine Schleimhäute sehr sensibel sind. Jetzt eignen sich Rituale zum Thema Weiblichkeit und Selbstliebe besonders gut.

Auch der Jahreskreis der Hexen beginnt mit einer Zeit des Rückzugs und der inneren Einkehr. Im Herbst, genauer gesagt in der Nacht vom 31. Oktober auf den 1. November, startet das Hexenjahr, und wir feiern Samhain, das sogenannte »Hexen-Silvester«. Samhain symbolisiert den Moment, in dem eine dunkle Zeit auf uns zukommt. Die Bäume verlieren schon ihre Blätter, wir ziehen uns wärmer an. Der Sommer ist endgültig vorüber.

Alle Nicht-Hexen feiern übrigens auch, nämlich Halloween. Es wird auch als keltisches Totenfest oder im christlichen Glauben als Allerheiligen bezeichnet. Im Hexenkalender ist Samhain einer der höchsten Feiertage und wird traditionell mit Feuer- oder Verbrennungsritualen zelebriert. Wir gedenken an diesem Tag der Ahnen und der Anteile in uns, die bereits gestorben sind, und huldigen ihnen.

Wie du dir sicher schon gedacht hast, passt das auch gut zur Blutung: Sie bezeichnet das Ende eines Zyklus und den Abschied von einem nicht befruchteten Follikel, stellt zugleich aber einen Neubeginn und eine Form der Reinigung dar. Deswegen ist die Menstruation auch nichts Schlimmes oder etwas, für das man sich schämen sollte – ganz im Gegenteil! Durch sie bekommen wir Monat für Monat die Möglichkeit, uns zurückzuziehen und mit uns selbst zu beschäftigen. Die Menstruation ist die ureigene, innere Kraft der Frauen und trägt das Urvertrauen und das Wissen um die Magie der Weiblichkeit in sich.

Ich empfehle dir, deinen monatlichen Zyklus kennenzulernen und zukünftig dein Leben auf diesen Kreislauf abzustimmen. Denn jede Frau benötigt einmal im Monat Zeit für Rückzug, Gelassenheit und Reinigung – genau das spiegeln die Jahreskreisfeste.

DER AHNEN GEDENKEN

Samhain ist der Tag, an dem du derer gedenken darfst, die bereits die Erde verlassen haben. Bringe ihnen etwas, das sie zu Lebzeiten gernhatten, auf den Friedhof oder an einen Ort, den du mit ihnen verbindest. Gehe einen Moment in dich und halte dir ihre weltliche Präsenz vor Augen.

Welche guten Tugenden kannst du von denen übernehmen, die bereits gegangen sind? Welche Kräfte liegen bereits in dir und müssen nur geweckt werden? Welches innere Licht, welche Liebe wurde dir gegeben?

Sieh dir auch die Schatten an. Gibt es ein Muster, das deine Ahnen schon seit Jahren leben? Hast du dieses Muster unbewusst übernommen? Werde dir darüber bewusst, was wirklich zu dir gehört und was du gehen lassen darfst.

Wenn du möchtest, kannst du das Ritual mit einem kleinen Verbrennungsritual beenden, eine Anleitung dazu findest du beim Fest Litha (3. Phase).

Eine schöne Möglichkeit, dich mit deinen Ahnen zu verbinden, ist außerdem, ein Ahnendinner zu veranstalten, also Familie und Freunde einzuladen und mit ihnen für die Ahnen zu kochen. Zu meinen Ahnendinners bringt jeder eine Speise mit, die ihn an seine Ahnen erinnert, welche ihr Leben schon gelebt haben und bereits gegangen sind. Samhain und das Ahnendinner dienen auch dazu, uns gegenseitig fröhliche, schaurige, lustige, aber auch traurige Geschichten zu erzählen, die wir mit unseren Ahnen erlebt haben. Wir gehen sogar so weit, ihnen einen eigenen Platz am Tisch zuzuweisen, mit Besteck, Gläsern und allem, was ihnen zu Lebzeiten geschmeckt hat. Ich kenne sogar Hexen, die diese Dinge auf den Grabstein ihrer Verstorbenen legen und dort ihrer Liebsten gedenken.

JUL

Etwa sieben Wochen später findet die Wintersonnenwende Jul statt, meistens am 21., 22. oder 23. Dezember. Am dunkelsten Tag des Jahres wird die Rückkehr des Lichts gefeiert. Der Tag hat viele Namen: Mittwinter, Yule, Alban Arthuan (»Licht von Arthur«) und zahlreiche mehr. An Jul huldigen wir der Wiedergeburt, der Dunkelheit und dem Licht sowie der Dualität.

Fällt deine Blutung mit den Festen Samhain oder Yule zusammen, kannst du besonders effektiv Rituale durchführen, da sich die Wirkungen von Festen und Menstruation gegenseitig bedingen. Die Menstruation setzt eine Energie in dir frei, die nicht vergleichbar ist mit deiner üblichen Kraft.

ABSCHIED NEHMEN

Feiere Jul, indem du dir deine Fehler verzeihst und dir deiner negativen Gefühle bewusst wirst. Stelle eine Kerze, am besten in Weiß, Pink oder Rosa, auf. Diese Farben kommen aus der Hexenfarbenlehre und sind besonders hilfreich beim Loslassen und Abschiednehmen.

Nimm dir außerdem einen Zettel und einen Stift. Schreibe auf, bei wem du dich entschuldigen möchtest – du kannst auch abschließende, klärende Worte zu Papier bringen. Verbrenne den Brief anschließend oder versende das Schreiben. Schließe mit der Person oder Beziehung, vor allem aber deiner Schuld ab und verzeihe dir deine Fehler.

Wähle, welches Leben du führen möchtest. Wie sähe dein perfektes Leben aus? Möchtest du allein sein oder eine Familie gründen? Möchtest du in deinem Beruf aufgehen oder deine Erfüllung im Privaten finden? Alles ist richtig, wie es ist. Schreibe dir auf, welches Leben du führen willst, und erinnere dich auf diese Weise daran, dass es allein in deiner Hand liegt.

Hexen arbeiten gern mit Ölen und Kräutern. Jedes Kraut und jedes Öl hat eine bestimmte Wirkung, und doch gibt es – nach alten Überlieferungen – begünstigende und eher ungünstige Zeiten für den Einsatz.

Unterstützende Kräuter

In der ersten Zykluswoche sowie rund um Samhain und Jul sind die Kräuter Alraune, Johanniskraut, Mistel und Beifuß besonders geeignet, dich bei deinem Rückzug und der Entspannung zu unterstützen. Es geht in dieser Zeit um dich, um deinen Körper und um deine innere Ruhe. Verwende die Kräuter, um bei dir zu Hause auszuräuchern. Sie beschützen dich vor zukünftigen Fehlern und bringen dich zurück in deine ureigene, weibliche Weichheit. Es ist egal, ob du sie frisch oder getrocknet verwendest.

Die ALRAUNE ist eine sogenannte Zauberwurzel, die schon vor Jahrhunderten für die Narkotisierung bei Operationen oder gegen Schmerzen und zur Behandlung verschiedener Krankheiten verwendet wurde. Bei Überdosierung kann es zu Benommenheit, Ermüdung, milder Euphorie, Konzentrationsstörungen sowie traumlosem Schlaf kommen. Gehe deshalb immer achtsam mit ihr um.

Das JOHANNISKRAUT wird gerne gegen Depressionen verwendet, um die Stimmung aufzuhellen und wieder mehr Elan zu verspüren. Nimmt man Johanniskraut allerdings in Kombination mit der Antibabypille oder blutverdünnenden Medikamenten ein, kann das die Wirkung des Johanniskrauts aufheben. Eine Absprache mit dem Arzt ist daher zu empfehlen.

Die MISTEL wurde und wird zu den Wintersonnenwenden und zu Weihnachten gern an Haustüren gehängt, um das Haus vor Schande zu bewahren. Außerdem heißt es, dass man ein glückliches Liebespaar wird, wenn man sich unter Misteln küsst. Die Mistel wurde früher gerne als Allheilmittel verwendet, heute noch gilt sie als Mittel gegen Bluthochdruck.

Bei zahlreichen Frauenbeschwerden und auch bei Verdauungsproblemen hilft der BEIFUSS, welcher zu den Johanniskräutern gehört. Gegen alle Mächte der Finsternis ist Beifuß als Zugabe bei Räucherungen ein wirksamer Schutz. Früher flochten sich die Menschen zur Sonnenwende einen Gürtel aus Beifuß, der dann im Sonnenwendfeuer verbrannt wurde, um in der Glut alle bösen Einflüsse aufzulösen. Genau wie die Menstruation dazu beiträgt, Altes auszuleiten und Neues entstehen zu lassen. Der Beifuß versinnbildlicht daher die Aufgabe der Menstruation.

Wirksame Öle

Bei Ölen verhält es sich ähnlich wie bei Kräutern. Öle an sich haben schon eine starke Wirkung, doch aus alten Überlieferungen wussten die Hexen ganz genau, welches Öl sie wann anwenden mussten.

In der ersten Woche deines Zyklus kannst du die Rituale mithilfe von Adlerholzöl, Balsambaumöl und Vanilleöl verstärken. Reibe dafür zweimal am Tag eine kleine Menge Öl direkt auf die Haut über deinem Herzen.

Das ADLERHOLZÖL beruhigt und hilft bei Ängsten und/oder bei sexuellen Problemen.

BALSAMBAUMÖL wird bei der Behandlung von Krampfadern, Hämorrhoiden, zur Hauptpflege als Heilmittel gegen Wundreiben und Wundliegen, als Stärkungsmittel für das Immunsystem, zur Behebung von Schlafstörungen, Nervosität und Unausgeglichenheit eingesetzt.

VANILLEÖL kann bei Verspannungen, Blockaden und Unruhe eingesetzt werden und die Konzentration fördern. Außerdem hat Vanilleöl eine erotisierende Wirkung.

Natürlich kannst du die Öle und Kräuter auch zu den Festen Samhain und Jul verwenden. Wenn du zu dieser Zeit nicht deine erste Periodenwoche hast, wirken sie jedoch nicht so stark.

Sicher kennst du das: In der Zeit »zwischen den Jahren« herrscht eine ganz besondere Stimmung. Nach dem oft weniger besinnlichen als eher stressigen Dezember folgt die Völlerei an Weihnachten. Dann kommen die Tage, in denen irgendwie nichts passiert. Man wartet auf Silvester und das neue Jahr.

Bei den Hexen heißt diese Zeit »Raunächte«. Es sind die Tage zwischen Weihnachten und dem 6. Januar, also dem Dreikönigstag (allerdings gibt es auch Hexen, die die Raunächte am 21. Dezember, der Wintersonnenwende, beginnen).

Jede Raunacht steht für einen Monat im neuen Jahr. In den sechs Nächten im alten und sechs Nächten im neuen Jahr stehen die Tore zur Anderswelt laut Hexenglauben offen. Die Welten sind also passierbar, und es liegt eine ganz besondere Stimmung in der Luft. In vielen Gegenden werden in den Raunächten deshalb Räucherungen mit Wacholder und Weihrauch vollzogen, um die Atmosphäre von negativen Energien zu reinigen und befreit in das neue Jahr zu starten. Tatsächlich sind die Raunächte eine wunderbare Gelegenheit, um sich von Altem zu trennen und Platz für Neues zu schaffen.

Es gibt einige interessante Rituale, die in den Raunächten vollzogen werden können. Ein alter Brauch besagt, dass in dieser Zeit keine Wäsche gewaschen und aufgehängt werden soll. Wenn du dich daran halten willst, empfehle ich dir also,

vor Weihnachten noch einmal ordentlich durchzuwaschen, damit du am 6. Januar nicht ohne frische Unterwäsche dastehst. Auch im Haushalt kannst du dich in dieser Zeit zurückhalten: Es heißt, dass in den Raunächten kein Haushaltsputz vollzogen werden soll. Die Idee dahinter ist, dass diese besondere Zeit für die innere Einkehr und Reflexion gedacht ist und so viele alltägliche Handlungen wie möglich ausbleiben sollen, um den Blick nach innen nicht zu stören.

Mit meinem Vater räuchere ich in den Raunächten immer das gesamte Haus. Wir benutzen Tannenzapfen und Weihwasser sowie Myrrhe und Weihrauch für die Reinigung des Hauses. Mithilfe des Räucherns werden alte Energien aus dem Gebäude hinausgetrieben und »frischer Wind« wird hineingelassen.

Während wir mit unserem Räucherwerk und dem Weihwasser durchs Haus wandern, wünschen wir uns in jedem Zimmer etwas dazu Passendes: Ruhe und Erholung im Schlafzimmer, Reinigung und Erfrischung im Bad, Kommunikation und Beisammensein im Wohnzimmer ... Alles ist möglich, und diese herrlich stimmungsvolle Zeit ist bestens dafür geeignet, neue Wünsche zu formulieren und mit alten Erfahrungen abzuschließen.

Für die meisten Menschen sind die Raunächte, selbst wenn sie nicht bewusst gefeiert werden, ohnehin eine Zeit der Einkehr und Ruhe. Die Tage zwischen dem alten und neuen Jahr eignen sich hervorragend, um über das nachzudenken, was war, und das anzugehen, was kommt. Es ist eine Möglichkeit des Innehaltens, der Neuausrichtung – und der ideale Zeitpunkt, um Wünsche zu formulieren, die auf einen fruchtbaren Boden fallen.

Mit der wunderbaren Übung der »13 Wünsche« bist du in der Lage, die besondere Magie der Raunächte zu nutzen und deine Wünsche in Erfüllung gehen zu lassen.

13 WÜNSCHE

Du brauchst für dieses Ritual nicht mehr als einen Stift und 13 Zettel. Schreibe auf jeden Zettel einen Wunsch für das neue Jahr! Achte darauf, dass deine Wünsche nicht negativ formuliert sind, sondern positiv – denn »nein« und »nicht« kennt das Universum nicht. Deine Wünsche können konkret, aber auch abstrakt sein. Alles ist erlaubt. Falte anschließend alle Zettel einzeln zusammen und lege sie in ein Glas oder eine Schachtel.

Ziehe nun an jedem Abend einer Raunacht, beginnend mit dem 24. Dezember, einen Zettel aus dem Behälter und verbrenne das Papier, ohne es vorher geöffnet zu haben. So übergibst du den Wunsch an die höhere Kraft in der Gewissheit, dass sie sich um die Erfüllung kümmern wird.

Schau dem Zettel dabei zu, wie er in der Flamme verbrennt. Du kannst dafür eine Kerze oder ein Kaminfeuer verwenden. Spüre in dich hinein, ob du in den zwölf Nächten einen Unterschied bei den verbrennenden Zetteln spürst.

Am 6. Januar wird ein Zettel übrig sein. Entfalte den Zettel und lies ihn. Dies ist der Wunsch, den du dir in diesem Jahr selbst erfüllen darfst. Für alle anderen hast du ja bereits gesorgt.

2. PHASE:
WACHSTUM UND GLEICHGEWICHT

IMBOLC

In der zweiten Woche deines Zyklus ist deine Blutung bestenfalls beendet. Nun bist du voller Elan, und deine Hormone befinden sich in einer guten Balance. Zuwachs- und Wunsch-Magie ist jetzt besonders effektiv – allerdings solltest du mit der Erfüllung deiner Wünsche warten, bis die Phase deiner Fruchtbarkeit anbricht. Erst in der dritten Zykluswoche, wenn das Östrogen dem Progesteron weicht, werden Wünsche wahr.

In der Nacht auf den 1. Februar feiern Hexen das Imbolc- oder Brigid-Fest, das dem Wiedererwachen des Lebens und dem Zunehmen des Lichts huldigt. Als ich das erste Mal von diesem Fest hörte, wusste ich endlich, weshalb mein erster Name Birgit lautet!

Imbolc bedeutet vermutlich »im Bauch« und spielt auf die trächtigen Schafe und Kühe an, bei denen nun die Milch »einschießt« und deren Junge im März geboren werden. Im Bauch von unserer Mutter Erde rührt sich auch bereits neues Leben, und unter dem glitzernden Schnee beginnt es zu sprießen.

Alten Vorstellungen nach reitet die Göttin Brigid zu dieser Zeit als Göttin auf einem Hirsch über das Land, rüttelt die Bäume aus ihrem Winterschlaf und lässt den Saft des Lebens wieder fließen. Imbolc ist das Fest des Lichts, der Reinigung und der Fruchtbarkeit. Es steht im Zeichen der Hoffnung. Die Tage werden jetzt merklich länger, die ersten grünen Triebe sind bereits erschienen.

Imbolc steht für den Neubeginn, für Klarheit, Visionen und neue Projekte. Es ist Zeit, dich auf allen Ebenen zu reinigen und gründlich auszumisten. Altes »Gerümpel«, egal ob emotional oder tatsächlich angesammelter Müll, darf jetzt entsorgt werden. Der Frühjahrsputz steht an, um all das Alte, das dich bei deinen neuen Entwicklungen behindert, loszuwerden.

Du darfst nun auch neue Pläne schmieden. Alles, was in dein Leben integriert werden soll, kann nun umgesetzt werden – das gilt für neue Vorhaben genauso wie für gute Vorsätze. Daher sind an Imbolc Rituale geeignet, die Geld oder Liebe vermehren sollen. In dieser Zeit säen wir das, was wir kurz darauf ernten wollen. Wir geben uns selbst die Erlaubnis, über uns hinauszuwachsen.

ANLAUF NEHMEN

Aus der Zeit der inneren Einkehr und Reflexion bist du dir darüber bewusst, wie du dein Leben gestalten willst und was die nächsten Schritte sind. Werde aktiv! Melde dich zu Kursen an, verändere deine Arbeitsstation, wenn du unglücklich bist, geh zu einem Paartherapeuten oder erstelle ein Profil bei einer Partnervermittlung. Beschäftige dich mit deinem Körper und gehe aktiv deine Gesundheit an. Überlege nicht, sondern leg los! Besonders an Imbolc oder in der zweiten Zyklusphase hast du die Möglichkeit, dein Leben zu verändern. Die Magie ist auf deiner Seite, denn der Zeitraum ist günstig.

An Imbolc stelle ich in meiner gesamten Wohnung weiße Kerzen auf und zünde sie an. Du verstärkst die Wirkung, wenn du Bergkristalle zwischen die Kerzen legst und Salz rund um die Kerzen herum verteilst. Die Farbe der Kerzen und die Kristalle helfen dir, den Winter loszulassen und in deine neue Kraft zu kommen. Das Salz bündelt die negativen Energien, die wir tagtäglich sammeln, und reinigt. Wie ein Frühjahrsputz!

OSTARA

In der zweiten Zyklusphase des Jahres feiern wir außerdem das Fest Ostara. Es ist auch als Tagundnachtgleiche des Frühlings bekannt und wird in der Nacht vom 20. auf den 21. März begangen (manchmal auch etwas später, je nachdem, wann die Frühlingstagundnacht-gleiche ist). Tage und Nächte sind in dieser Zeit gleich lang und in Balance, genau wie der weibliche Hormonhaushalt in der zweiten Woche. Wir haben die Zeit der inneren Einkehr und des Abschieds hinter uns gebracht und schöpfen aus voller Kraft.

DANKBARKEIT ZEIGEN

In der Zeit rund um Ostara sind Dankbarkeitsübungen besonders effektiv. Was ist Teil deines Lebens? Wofür bist du dankbar?

Deine Dankbarkeit kann deine Gesundheit, deine Familie, deine Freunde, deine Arbeit betreffen. Du kannst deine Danksagungen in dieser Zeit täglich aufschreiben. Mache dir am Ende eines jeden Tages in dieser Zyklusphase Gedanken, wofür du das Leben feierst.

Mithilfe des Maiskolben-Rituals kannst du das Fest Ostara besonders intensiv feiern. Nimm zwei Maiskolben und einen Zettel, auf dem du deine Wünsche notierst. Binde nun mit einem bunten Faden den Zettel mit deinen Wünschen um einen der Maiskolben. Auf einen zweiten Zettel schreibst du alles, was du verabschieden willst: Eigenschaften, Unarten, Menschen, Verletzungen und so weiter. Schreib alles auf, was du nicht mehr brauchst, und binde den Zettel mit einem weißen und einem schwarzen Faden um den anderen Maiskolben.

Lass die Maiskolben nun in der Nacht von Ostara liegen, zum Beispiel auf der Fensterbank oder auf einem Altar. Binnen einer Nacht wird der Maiskolben mit den positiven Wünschen zu strahlen anfangen und frischer aussehen denn je. Der andere Maiskolben hingegen wird sichtbar in sich zusammenfallen, vielleicht sogar anfangen zu faulen. Nimm den »schlechten« Maiskolben und vergrabe ihn an einem Platz in der Nähe eines sehr starken Baums, wie zum Beispiel einer Eiche, oder nahe einem Fluss. Der Maiskolben bleibt dort 21 Tage. Wenn du den Maiskolben danach wieder ausgräbst, wirst du sehen, was du alles gehen gelassen hast.

Der Maiskolben mit den guten Wünschen bleibt für einige Wochen in deiner Wohnung an einer Stelle, wo er für dich gut sichtbar ist. Du merkst sicher bald, dass deine Wünsche in Erfüllung gehen, während du das Negative loslassen darfst.

KRÄUTER UND ÖLE ZU IMBOLC UND OSTARA

Natürlich gibt es auch für diese Jahreskreisfeste besondere Öle und Kräuter, welche gerade in der zweiten Zykluswoche, in der die Regel für gewöhnlich beendet ist, besonders gut wirken.

Unterstützende Kräuter

Anlässlich dieser Jahreskreisphase verwenden wir ergänzend zu unseren Ritualen gern Stechapfel und Sinicuichi-Kraut zum Räuchern:

Der STECHAPFEL ist ein Nachtschattengewächs und gilt als giftig, doch wie bei so vielem gilt: Die Dosis macht das Gift! Und so hat der Stechapfel Heilkräfte, die gegen Asthma und Nervosität verwendet wurden. Medizinisch wird der Stechapfel heute nur noch in der Homöopathie benutzt, da er in homöopathischer Potenzierung ungefährlich ist.

Von SINICUICHI heißt es, dass er vergessene Erinnerungen wieder ins Bewusstsein holen kann. Der Trank wurde bei Schamanen für Reisen in andere Sphären benutzt oder als Räucherwerk verwendet. Richtig dosiert, kann es nach der Einnahme zu euphorisierenden, gedankenanregenden und sedierenden Effekten sowie einer leichten Veränderung der akustischen Wahrnehmung kommen. Ich bitte dich deshalb, dieses Kraut nur unter Anleitung einer wissenden Hexe einzunehmen!

Wirksame Öle

Alpenbeifußöl und Irisöl bringen, am Morgen und am Abend aufgetragen, unsere Schattenseiten hervor, welche im Licht zu Sonnenseiten werden dürfen:

ALPENBEIFUSSÖL weckt das Verlangen dem Leben gegenüber. Man sagt, dass es die verlorene Sehnsucht nach dem Sinn des Lebens wiedergeben kann.

Das IRISÖL klärt und beruhigt und stellt das seelische Gleichgewicht wieder her. In Räumen als Duftöl eingesetzt, kann es dabei helfen, das Zusammentreffen verschiedener Menschen zu ordnen und emotionalen Abstand zu halten.

3. PHASE:
FRUCHTBARKEIT UND FÜLLE

BELTANE

Die dritte Woche des weiblichen Zyklus beginnt mit dem Eisprung. Der Körper macht sich bereit, Leben zu erschaffen, deshalb wird Gebärmutterschleimhaut aufgebaut, um eine besamte Eizelle einnisten zu können, sobald diese aus dem Eileiter in den Uterus gewandert ist. In dieser dritten Phase des Zyklus werden Wünsche wahr – endlich darf geerntet werden, was vorher gesät wurde.

Auch der Jahreskreis der Hexen steht unter diesem Motto. Die wichtigsten Feste dieser Zeit sind Beltane und das Litha-Fest der Sommersonnenwende am 21. Juni.

Beltane ist auch als Walpurgisnacht bekannt und findet in der Nacht vom 30. April auf den 1. Mai statt. Für Hexen hat dieses Fest seit jeher eine wichtige Bedeutung, denn durch den Frühling und die Wiedererweckung des Lebens werden große Kräfte freigesetzt. Die Natur erblüht, genau wie eine Frau kurz vor ihrem Eisprung, wenn die Haut besonders rein, das Haar seidig und die Lust auf Sex groß ist. Die Zeit der Fruchtbarkeit bricht an, sowohl auf der Erde als auch in dir. Alles darf neu erwachen und in einem frischen Antlitz erstrahlen.

An Beltane gedenken wir auch der Hexen, die aufgrund ihrer Gabe eines gewaltsamen Todes sterben mussten. Wir huldigen in der Walpurgis- oder Hexennacht allen Hexen und stellen unsere Ehre als weiße Magiewirkende wieder her. Auch indem die Kapitel in diesem Buch verstorbenen Hexen beziehungsweise Schutzpatronen gewidmet sind, werden unsere Vorfahren und deren Mächte geehrt. Vielleicht willst auch du dich ein bisschen mehr mit bereits von dieser Erde gegangenen Magiewirkenden beschäftigen und findest bei dieser Gelegenheit einen Mentor oder eine Mentorin?

WÜNSCHE ERFÜLLEN

In der dritten Zykluswoche oder zur Zeit der Walpurgisnacht ist der richtige
Zeitpunkt, um deine Wünsche wahr werden zu lassen. Entzünde Kerzen,
idealerweise blaue oder orangefarbene, in der Früh und lass sie nach Möglichkeit
den ganzen Tag über brennen. So sorgst du dafür, dass deine Wünsche in der
kommenden Woche oder Phase in Erfüllung gehen.
Wer bist du wirklich?
Wer möchtest du sein?
Werde dir deiner selbst bewusst!
Du darfst sein, wer du willst und wie du bist. Du allein entscheidest. Wenn du an
Beltane oder in der dritten Zykluswoche ein Ritual vollziehen möchtest, darfst du
deine verrückte Seite voll ausleben – denke an die Hexen, die jauchzend und lachend
auf ihren Besen um den Hexenberg fliegen! Was möchtest du noch tun, bevor du
diese Welt verlässt? Egal, wie verrückt es ist? Es ist Zeit, zu tanzen und zu feiern und
alles, was du in dir trägst, ins Außen zu kehren. Trage farbenfrohe Kleidung
und genieße das Leben in vollen Zügen.

LITHA

Das Litha-Fest ist die Sommersonnenwende und wird am 21. Juni gefeiert. Es ist die hellste Nacht des Jahres und der Spiegel zur Wintersonnenwende am 21. Dezember.

Dieses Fest ist zweigeteilt: Es stellt den Höhepunkt, gleichzeitig aber auch den Abschied dar. An diesem Tag wird die Erde am längsten mit den fruchtbaren Strahlen unserer Sonne versorgt. Danach werden die Tage wieder kürzer. Hexen feiern an Litha deswegen die bevorstehende reiche Ernte und erfüllte Fruchtbarkeit. Wünsche gehen in Erfüllung, Träume werden wahr.

An Litha erkennen wir, dass in jedem Abschied auch ein Neubeginn und in jedem Neubeginn ein Abschied von Altem liegt. Deshalb wirken an diesem Datum besonders Rituale, die den Neubeginn unterstützen. Es wird nun Zeit, all das nach außen zu tragen, was in unserem Inneren gewachsen ist.

WIEDERGEBURT FEIERN

Litha ist wie ein Geburtstagsfest für dich! Du darfst dir aufs Neue all das in dein Leben ziehen, von dem du glaubst, dass es dir guttut. Nimm ein weißes Blatt Papier, zeichne dich in die Mitte und schreibe alles auf, was du dir wünschst.

Außerdem zeigen wir an Litha unsere Dankbarkeit mit einem Ritual – sowohl für das Positive wie auch das Negative. Schreib dafür auf einen Zettel alles Unangenehme oder Schlechte auf, was dir im letzten Jahr passiert ist. Betrachte die Liste, wenn du fertig bist, und frage dich: Warum kann ich für die Erfahrungen dankbar sein?

Nimm dir im Anschluss daran Zeit für ein Verbrennungsritual. Dabei solltest du die vier Elemente Wasser, Erde, Feuer und Luft integrieren: Luft ist einfach, denn davon gibt es draußen mehr als genug. Rituale des Abschieds eignen sich immer gut an fließendem Wasser, um das, was du loswerden möchtest, abfließen zu lassen (zur Not tut es auch die heimische Badewanne, wenn du den Stöpsel ziehst). Dann brauchst du noch Erde und Feuer. Das Einfachste ist natürlich, das Ritual an einem Flussufer zu vollziehen – dort findest du alle Elemente vor.

Zünde den Zettel an oder verbrenne ihn in der Flamme einer roten oder weißen Kerze. Denke noch einmal an all die Dinge, die in deinem Leben keinen Platz mehr haben.

Unterstützende Kräuter

Während der Zeit des Beltane-Festes kannst du besonders gut mit Eisenkraut und Weißdorn ausräuchern. Beide Kräuter verleihen dir die Möglichkeit, das neue Leben willkommen zu heißen.

Das EISENKRAUT soll große Liebeskraft haben wie auch eine beruhigende Wirkung. Durch den Verzehr sollen Kinder leichter lernen und in der Schule bessere Leistungen erzielen. Legst du etwas Eisenkraut in die Schuhe, sorgt dies dafür, dass du nicht so schnell müde wirst.

Der WEISSDORN ist für seine herzstärkende Wirkung bekannt. Das Herz ist der Mittelpunkt deines Körpers. Je stärker es ist, desto mehr Energie hast du, um dein neues Leben willkommen zu heißen.

Wirksame Öle

In dieser dritten Zyklusphase empfiehlt es sich, Mandelöl und Liebstöckelöl zu verwenden. Diese Öle dehnen das Herzchakra aus und lassen dich schnell in deine Kreativität und Wunscherfüllung kommen.

Traditionelle Liebestränke werden aus LIEBSTÖCKEL hergestellt. Mit der Wurzel kann man auch schlechte Schwingungen austreiben.

Durch MANDELÖL können auf der Haut entzündliche Prozesse eingedämmt werden. Es wirkt im Darm reizlindernd und ist an der Regenerierung der Zellen beteiligt. Wenn man Mandelöl in der Schwangerschaft auf den Bauch reibt, hilft es gegen Schwangerschaftsstreifen. Auch gilt das Öl als ein großer Unterstützer in der Liebesmagie.

4. PHASE:
RÜCKZUG UND STILLE ODER ENERGIE-
AUSBRUCH UND ENTFALTUNG

LUGHNASAD

In der vierten Woche des weiblichen Zyklus fühlen sich Frauen entweder energiegeladen wie in der zweiten Woche oder benötigen mehr Rückzug und Stille, um sich auf die Blutung vorzubereiten. Oft wird diese zweite Variante vom PMS, dem sogenannten Prämenstruellen Syndrom, begleitet.

Im Jahreskreis feiern die Hexen in dieser Phase die Feste Lughnasad und Mabon. Lughnasad, das Fest in der Nacht auf den 1. August, läutet das Ende des Hochsommers ein. Es darf nun mit der Ernte begonnen werden. In dieser Phase dürfen sich Hexen, die sich nach Rückzug sehnen, zurückziehen und ihre dunkelste Seite ausleben. Das Fest steht im Zeichen der Chaosmagie, was uns dabei hilft, unsere Schattenseiten hervorzuholen und der Sonne damit den Untergang zu ermöglichen. Es handelt sich um eine Form der Magie, die an die Intuition anknüpft und die Reflexion vernachlässigt. Negative Seiten bekommen Raum zur Entfaltung und werden mit magischen Ritualen sichtbar gemacht, integriert oder verändert. Denn auch dem Dunklen, den Schatten, dürfen wir Platz verschaffen. Das Gute und das Böse stehen stets in Beziehung zueinander. Indem wir die negativen Anteile in uns anerkennen, können wir liebevoller mit uns und auch unseren Mitmenschen umgehen, da wir uns und ihnen »gestatten«, Schattenseiten zu haben.

ERFOLGE KONSERVIEREN

Licht und Schatten liegen sehr eng beieinander – und in dieser Phase des Jahreszyklus sowie des weiblichen Zyklus ist das Chaos vorherrschend. Wenn du dir plötzlich fremd wirst, dich nicht mehr selbst erkennst, darfst du nach mehr Struktur suchen. Gerade zu Lughnasad darfst du Hilfe suchen – bei Menschen oder einer höheren Instanz. Entsende deine Wünsche in den Himmel.

Ein schönes Ritual ist an Lughnasad, die eigenen Erfolge zu feiern: positive Begegnungen mit Menschen, Freundschaften, die Liebe, berufliche Erfolge und so weiter. Ich schreibe auf verschiedene Zettel alles auf, was ich gut gemacht habe im vergangenen Jahr, und gebe diese Zettel in eine leere Flasche oder ein Marmeladenglas. Die Flasche »konserviert« meine Erfolge, und ich kann mich durch sie immer wieder daran erinnern, was ich alles schon geschafft habe. So motiviert und stärkt sie mich für die dunkle Jahreszeit und schwache Phasen.

Oder du beginnst endlich, dich so zu sehen, wie du wirklich bist, mit all deinen Macken, Fehlern und negativen Anteilen. Wenn es dir gelingt, dich bedingungslos zu lieben, wird dich niemand mehr aus der Ruhe bringen können. Denn du weißt, wer du bist, mit allen guten und weniger guten Seiten in dir.

MABON

Am 21. auf den 22. September (manchmal auch 22. auf 23. September oder eine weitere Nacht später) feiern Hexen die Tagundnachtgleiche des Herbstes, das sogenannte Mabon-Fest. Es ist an der Zeit, den Sommer zu verabschieden und die Ernte einzufahren. In dieser Phase dürfen wir alles annehmen und wohlwollend betrachten, was wir erreicht haben. Was hast du geschafft? Worauf bist du stolz? Was kannst du noch verbessern? Was ist noch offen? Was darfst du dir anschauen? An Mabon ziehen wir Bilanz und richten unsere Kräfte neu aus.

FEHLER EINGESTEHEN

In dieser Zeit des Jahres und des Zyklus ist es wichtig, alle männlichen und weiblichen Anteile gleichermaßen in dir zu integrieren. Ernte, was du gesät hast, und labe dich an deinen Erfolgen. Du hast viel getan, also darfst du nun genießen. Du hast es dir verdient. Du bist es wert! Beschäftige dich in dieser Phase intensiv mit deinem Selbstwert.

Es geht dir gut, und du strotzt nur so vor Energie? Genieße jeden Augenblick bis zum Höhepunkt! Fühlst du dich müde, ausgelaugt und abgekämpft, wähle den Weg der Stille. Suche den Rückzug und gehe in dich, um zu verstehen, was du wirklich brauchst.

Wenn du ein Ritual vollziehen willst, empfiehlt es sich, nun liegen gebliebene Dinge aufzuarbeiten und Konflikte aus der Welt zu räumen. Vielleicht gab es zuletzt einen Streit, der dir noch im Magen liegt, oder es gibt noch etwas, das du klären darfst? Geh auf die Personen zu und entschuldige dich. Es wird dir niemals leichter fallen als zu Mabon. Solltest du dich nicht trauen, in die Konfrontation zu gehen, oder die Person, mit der du im Streit warst, ist nicht mehr greifbar, kannst du auch einen Brief schreiben, den du anschließend in einem Ritual verbrennst.

Auch mit Salz kannst du an Mabon gut arbeiten. Lege in jede Ecke deiner Wohnung eine Handvoll Salz, am besten grobes, denn das Salz reinigt deine Bleibe von negativen Energien. Du kannst das Salz einfach auf den Boden oder in ein Schüsselchen geben. Nach drei Tagen wirst du vielleicht merken, dass sich das Salz in einigen Ecken verfärbt hat: rot, grau, grün und schwarz – egal, welche Farbe das Salz annimmt, du solltest das Salz austauschen. So lange, bis es weiß bleibt.

KRÄUTER UND ÖLE ZU LUGHNASAD UND MABON

Unterstützende Kräuter

In der vierten Zykluswoche oder der vierten Jahreskreisphase räuchern moderne Hexen gern mit Hauswurz und Frauenmantel aus. Die Kräuter wirken besonders effektiv, wenn der Zyklus in der vierten Woche mit den Hexenfesten Lughnasad und Mabon zusammentrifft.

Es kann zwei Bedeutungen haben, wenn eine HAUSWURZ blüht: Ist sie weiß, sagt man, dass jemand sterben wird. Ist sie rot, bedeutet das Glück. Trocknet sie aus, wird sich im Haus alles verändern. Außerdem wirkt die Pflanze fiebersenkend, krampflösend, wundheilend und erfrischend.

Der FRAUENMANTEL ist das Frauenkraut schlechthin. Die Pflanze stärkt den Intimbereich einer Frau und bereitet sie so auf die bevorstehende Monatsblutung vor. Besonders bei Regelbeschwerden kann es helfen, in der Woche vor der Blutung Frauenmanteltee zu trinken. Er beruhigt und wirkt präventiv krampflösend.

Wirksame Öle

Kamelien- und Rosenöl lassen uns erkennen, was wir bereits geschafft haben. Das KAMELIENÖL hat eine positive Wirkung auf den menschlichen Hormonhaushalt und eine antiallergische Wirkung. Das ROSENÖL sorgt für die Ausschüttung von Endorphinen, was uns entspannen lässt und glücklich macht. Außerdem wird unser Sinn für die Liebe von Rosenduft angesprochen, und er hilft, deren Verletzungen zu heilen. Der Duft der Rose wird demnach auch gegen Depressionen, Kummer, Leid, Ängste, Blockaden und mangelnde Liebesfähigkeit verwendet.

DER ZYKLUS IM JAHRESKREIS

- Entspannung
- sanfter Sport
- wenig Sex, da sensible Schleimhäute
- Rituale: Weiblichkeit,
- Selbstliebe, weiche Rituale

SAMHAIN 31.10. AUF 1.11. JUL 21. – 23.12.

1. WOCHE
BEGINN DER BLUTUNG
(4 – 7 TAGE)

4. WOCHE
VORBEREITUNG AUF BLUTUNG

BELTANE 30.4. AUF 1.5. LITHA 21.6.

- voller Energie und Power ODER
- ausgepowert und müde,
- Rückzug und Stille
- unfruchtbare Woche

IMBOLC 31.1. AUF 1.2. OSTARA 20. - 23.3.

- voller Elan
- Hormone ausgeglichen
- Wunsch-Magie – Zuwachs
- unfruchtbare Woche
- fruchtbar: Östrogen weicht

2. WOCHE
ENDE DER BLUTUNG/ VORBEREITUNG AUF DEN EISPRUNG

3. WOCHE
EISPRUNG

LUCHNASAD 31.7. AUF 1.8. MABON 21. - 24.9.

- Progesteron
- Spermien warten auf Eisprung –
- Warten auf Wunscherfüllung
- Eintreffen von Wünschen
- Ernten (Zauber)

Frauen leben in zyklischen Rhythmen. Jeden Monat sind sie aufs Neue für nur wenige Tage fruchtbar, um vierzehn Tage später, wenn die Eizelle nicht befruchtet wurde, eine innere Reinigung zu vollziehen. Dies ist nicht nur ein vollkommen natürlicher, sondern vor allem notwendiger Prozess des weiblichen Körpers. Daher stehe ich dem aktuellen Trend, die Menstruation mithilfe von Hormonen zu unterdrücken, kritisch gegenüber. Ich kenne eine Menge Frauen, die sich vor ihrer eigenen Blutung ekeln. Es entspricht nicht dem Bild der perfekten, reinen Frau, wenn sie an einigen Tagen im Monat Blut und Schleim verliert.

Dass es sich bei dieser Ansicht um ein Phänomen der westlichen Welt handelt, wird klar, wenn wir uns die traditionellen Kulturen ansehen. Zahlreiche Gesellschaften vor unserer Zeit verehrten die Fruchtbarkeit der Frau und huldigten ihr mit Opfergaben. In manchen Stämmen Südostasiens, Australiens und einiger anderer weit abgelegener Flecken der Welt sind Männer sogar neidisch auf die weibliche Menstruation und ahmen sie symbolisch nach, indem sie ihr Geschlechtsteil aufritzen, um Blut zu verlieren. Bräuche wie dieser sicherlich extreme Fall weisen darauf hin, dass die Menstruation etwas sehr Machtvolles ist – nur eben leider noch nicht bei uns.

Menstruierende Frauen gelten leider oft als unrein, in manchen Kulturen dürfen sie zur Zeit der Blutung nicht einmal in Kontakt mit Männern treten. Die Regel soll, auch bei uns, still und leise vonstattengehen. Mittlerweile ist die Regelblutung zwar kein Tabuthema mehr, doch sind wir lange noch nicht dort, wo wir meiner Meinung nach sein sollten. Denn die Menstruation ist ein mächtiges Instrument! Unser Stein der Weisen, mit dem wir die Urkraft der Weiblichkeit leben dürfen – ganz ohne wie Männer sein zu müssen oder gegen die Männer anzugehen.

Aufgrund der vergangenen Zeit, in der die Regelblutung tabu war, haben die meisten Frauen die Beziehung zu ihrem Zyklus, aber auch zu ihrem Körper verloren. Solange stellvertretend für die Menstruation solch merkwürdige, ja befremdliche Metaphern wie »rote Woche« verwendet werden oder Aussagen wie »Sie hat vermutlich ihre Tage« abwertend gemeint sind, wird sich das auch nicht ändern.

Die alten Hexen hingegen wussten, dass im Jahreskreis der weibliche Zyklus gespiegelt wird und dass jeder Zyklus unterschiedliche Phasen hat: der Rückzug, das Wieder-Erstarken, der Höhepunkt und die Ernte. Dabei bedeutet jeder Zyklus eine Chance auf einen Neuanfang. Im Gegensatz zu Männern sind Frauen in der Lage, in mehr oder weniger regelmäßigen Rhythmen ihren Organismus zu reinigen. Hormone werden auf- und abgebaut, der Schleim in der Gebärmutter bildet sich und wird wieder abgestoßen –

Menstruation

LUTEAL-PHASE

FOLLIKEL-PHASE

Ovulation

Frauen sind im permanenten Wandel begriffen, und genau aus diesem ziehen sie ihre ureigene Kraft.

Jede Zyklusphase beeinflusst unsere Psyche. Während die meisten Frauen während der Blutung eher zurückgezogen sind, treten sie in der Phase danach wieder ins Außen, werden gesellig und entschlussfreudig. Zur Zeit des Eisprungs werden Verantwortung und Fürsorge stärker – kein Wunder, ist dies doch der Moment, wo eine Eizelle sich auf den Weg macht, in der Gebärmutter befruchtet zu werden. In der Phase danach werden viele selbstreflektierend und bereiten sich auf den nächsten Abschied und Neuanfang vor: eine neue Blutung, ein neuer Monat, ein neues Follikel.

Das bedeutet natürlich nicht, dass Frauen ihrem Zyklus untertan sind. Doch die Gezeiten des Zyklus verstärken oder schwächen die jeweiligen Gefühle, die wir ohnehin verspüren. Warum sonst sind wir sensibler und näher am Wasser gebaut, wenn die nächste Blutung naht? Das PMS, das Prämenstruelle Syndrom, wird mittlerweile stellvertretend für Stimmungsschwankungen und Zickigkeit verwendet. Doch fast niemand überlegt, ob es nicht ratsam ist, den Zyklus wie die Jahreskreisfeste zu leben, denn so kann jede Frau in ihre ureigene Kraft zurückfinden.

Mithilfe des Jahreskreises der Hexen lernen wir, unseren Zyklus mit offenen Armen anzunehmen. Wer seinen eigenen Körper kennt und ihm mit Achtsamkeit und Zuneigung begegnet, hört auf, gegen ihn anzukämpfen. Es ist ein Privileg, das wir Frauen haben, uns für ein paar Tage aus der lauten, hektischen Welt herauszuziehen und innezuhalten. Wir regenerieren, tanken neue Energien und starten dann mit Vollgas wieder durch. Wie eine Art natürliches Detox – und das jeden Monat.

DER WEIBLICHE MONDZYKLUS

Unser gesamtes Sonnensystem verläuft in regelmäßigen Zyklen. Planeten drehen sich in konstant gleichem Tempo um sich selbst und die Sonne. Manche von ihnen werden von Trabanten auf präzisen Umlaufbahnen umkreist – so wie die Erde vom Mond.

Für einen Mond ist der unsrige ziemlich groß geraten. Eigentlich sogar viel zu groß, seine Masse stellt nämlich ein Einundachtzigstel von der Erde dar. Das ist, in interstellaren Verhältnissen betrachtet, geradezu riesig für ein Objekt dieses Typs. Sieht man sich zum Beispiel die Jupitermonde im Verhältnis zu ihrem Planeten an, wird klar, dass unser Mond etwas ganz Besonderes ist.

Das liegt nicht nur an seiner beachtlichen Größe – welche Rituale an Vollmond besonders stark macht –, sondern auch daran, dass er aus irdischem Material besteht. Er hat sich also aus der Erde gebildet, durch einen Asteroideneinschlag, der seitlich auf unsere Urerde traf. Dabei bohrte sich der Asteroid so tief in unseren Planeten, dass sich riesige Gesteinsbrocken von der Erdoberfläche lösten und in den Weltraum katapultiert wurden. Durch die Gravitation der Erde flogen sie aber nicht davon, sondern bildeten einen Ring aus irdischem Material, der irgendwann zu einer Kugel wurde.

WAS DER MOND BESTIMMT

Der Mond und die Erde waren ursprünglich also einmal eins. Vielleicht können sie deshalb nicht voneinander lassen und nehmen so viel Einfluss aufeinander. Der Mond bestimmt bei uns auf der Erde nicht nur die Gezeiten. Er wirkt sich auf das Wachstum von allen Lebewesen aus, walkt mit seinen Gezeiten unseren flüssigen Erdkern um und sorgt so für das besonders starke Magnetfeld, das uns vor der Strahlung aus Sonne und Kosmos schützt, und zu guter Letzt stabilisiert er die Erdachse. Deswegen haben wir vier Jahreszeiten und sind viel weniger Schwankungen unterlegen als andere Planeten. Liegt es da nicht auf der Hand, dass der Mond auch Einfluss auf uns Menschen hat?

Der durchschnittliche weibliche Zyklus und der Mondzyklus haben fast die gleiche Länge, nämlich 29,5 Tage. Die meisten Frauen menstruieren daher entweder im Rhythmus des weißen oder roten Mondzyklus:

- weißer Mondzyklus: Frauen, die bei Vollmond ihren Eisprung und bei Neumond die einsetzende Blutung haben, repräsentieren den Schöpfungskreislauf – deswegen nennt man diesen Zyklus auch »Zyklus der guten Mutter«.
- roter Mondzyklus: Frauen, die bei Neumond ihren Eisprung haben und bei Vollmond menstruieren, nutzen ihre Energie für die eigene Entwicklung, weshalb man dies auch den »Zyklus der weisen Frau« beziehungsweise »Zyklus der Hexe« nennt.

SO NUTZT DU DIE KRAFT DES MONDES

Frau zu sein bedeutet, im Einklang mit den eigenen Zyklen zu leben, mit allen Hochs und Tiefs, Ebben und Fluten, Stärken und Schwächen. Der Zyklus beeinträchtigt uns nicht, er macht uns zu dem, was wir sind. Und ist es nicht ein schönes, ein tröstendes Gefühl, dass wir Teil eines großen Ganzen sind?

Jeder hat schon einmal vom Biorhythmus gehört, einige sind sogar in der Lage, nach ihm zu leben. Leider hat in unserer Kultur der Jahres- oder Mondrhythmus nur wenig Platz. Selbst wenn wir wissen, zu welchen Tageszeiten wir zu Höchstform auflaufen und wann wir Tag für Tag in einem Leistungstief stecken: Kaum eine(r) weiß, wie er im Verlauf eines Monats oder gar Jahres tickt. Das ist bedauerlich, denn den Einfluss des Mondes können wir uns zunutze machen.

Der Mond ist eine Wissenschaft für sich. Es gibt jedoch einige einfache Regeln, die du beachten solltest, wenn du die Kraft dieses zu groß geratenen Trabanten der Erde nutzen willst.

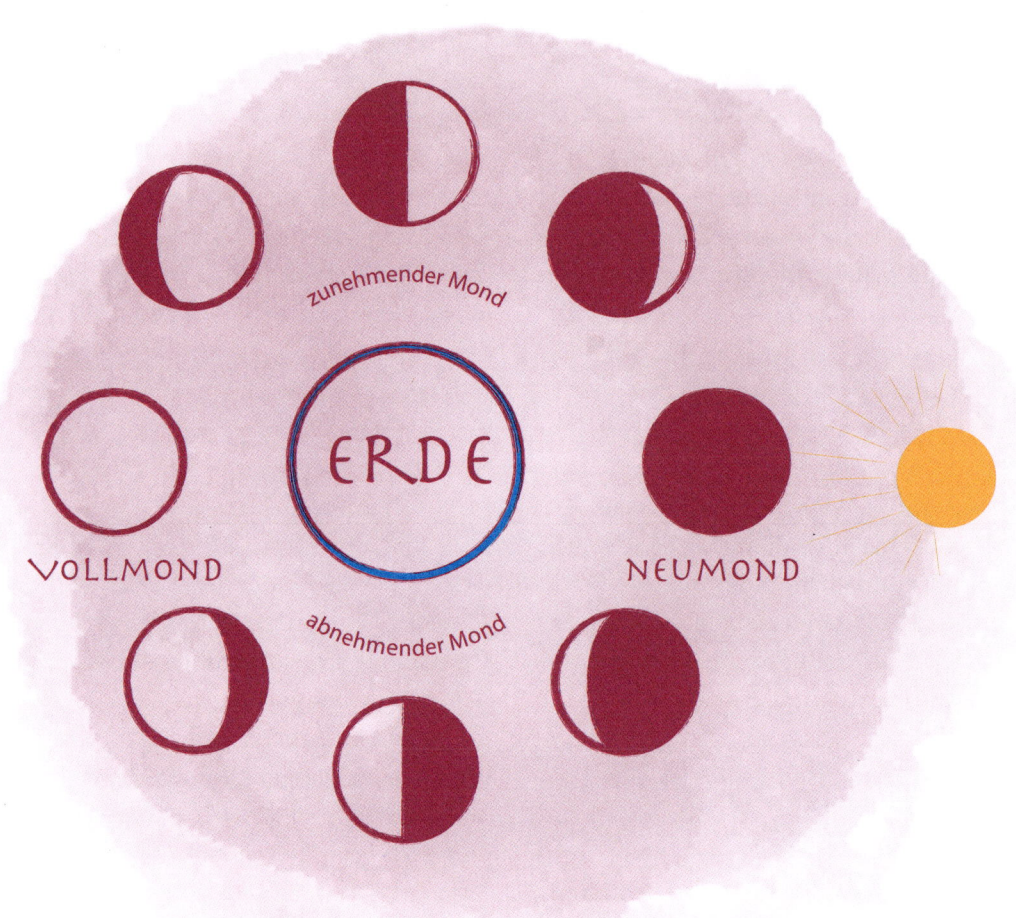

NEUMOND: NEUANFANG

Der perfekte Zeitpunkt für ein Ritual, wenn du mit einem neuen Projekt durchstarten möchtest! Egal ob es um Unternehmungen, Ideen, Ansichten oder Verhaltensweisen geht, an Neumond beginnt ein neuer Zyklus. In dieser Zeit ist es besonders ratsam, zum Beispiel mit lästigen Angewohnheiten Schluss zu machen oder neue Rituale einzuführen.

GUT FÜR: neue Projekte, Wohltuendes für den Körper, Ablegen von Gewohnheiten

ZUNEHMENDER MOND: WACHSTUM

Du wünschst dir Wachstum und Zugewinn? Dann ist der zunehmende Mond dein Freund. Leider ist dies auch die Phase, in der es besonders schwer ist, ein paar überflüssige Kilos loszuwerden – alles ist ja auf Anstieg und Ausbreitung ausgelegt. Gräme dich also nicht, wenn in dieser Woche die Hose noch kneift. Erfreue dich stattdessen daran, dass bei zunehmendem Mond Pflanzen besonders gut gedeihen, weil sie das Wasser besser aufnehmen. Auch Wunschzauber werden bei zunehmendem Mond von Hexen eingesetzt, da der Mond die Rituale verstärkt.

GUT FÜR: Sport, Pflanzenwachstum, Pflegeprodukte für den Körper

VOLLMOND: HÖHEPUNKT

Wenn der Mond in seiner ganzen Pracht am Firmament steht, ist alles intensiver und konzentrierter. Es herrscht im wahrsten Sinne des Wortes Hoch-Zeit – der ideale Moment, um innezuhalten und zu überlegen, was weiter gedeihen soll und was du besser wieder loswirst. Genieße diesen Augenblick in all seiner Intensität, vielleicht mit einem kleinen Ritual oder einer Dankbarkeitsmeditation. Gerade bei Vollmond werden immer wieder Feste gefeiert, denn er hat eine ganz spezielle Wirkung auf sämtliche Zauber, Rituale und Sprüche.

GUT FÜR: Blick nach innen, Reflexion, Genuss

ABNEHMENDER MOND: ABSCHIED

Beim abnehmenden Mond gehen dir alltägliche Handgriffe etwas leichter von der Hand, und auch auf der Waage wirst du größere Erfolge sehen als in den restlichen Mondzyklen. Diese Phase ist für dich von besonderer Wichtigkeit. Frage dich, was du verabschieden und was du behalten willst. Der abnehmende Mond ist ideal, um mit Fastenkuren oder Entgiftungen zu starten, denn dein Körper entledigt sich in dieser Zeit von ganz allein vieler Dinge, die ihm nicht guttun. Führe also alle Vorhaben in jener Zeit durch, die mit Abschied, Reduktion und Loslösung zu tun haben.

GUT FÜR: Haarwachstum, Gewichtsverlust, Klärung

HEXENFARBENLEHRE UND DER MOND

Du kannst die Energie des Mondes nicht nur für kräftige Haare oder gesunde Zimmerpflanzen nutzen, sondern auch, um mehr Glück, Erfolg oder Liebe in dein Leben zu ziehen. Insbesondere in Verbindung mit Farben kannst du die Mondkraft optimal nutzen. Es genügt bei magischen Ritualen oft schon, eine farblich passende Kerze oder farbigen Zwirn zu verwenden, den du um die Kerze wickelst, um Farbe in das Ritual zu involvieren. Auch farbige Ketten oder Kleidung helfen, deinen Wunsch zu unterstützen.

ROT

Rot steht immer für Verbindung und Zusammengehörigkeit. Es ist die Farbe, um mehr Liebe und Wohlwollen ins Leben zu ziehen.

Planetenprinzip: MARS

Wochentag: DIENSTAG

Unterstützt Rituale für:

- mehr Willensstärke und Kampfgeist
- mehr Mut und Kraft
- magische Selbstverteidigung
- gesteigertes körperliches Verlangen und aktive Sexualität
- eine höhere Potenz
- die Eroberung oder Rückgewinnung eines Partners

ORANGE/GELB

Orange und Gelb sind die Farben, die Neid und Missgunst klären. Sie stärken die Anerkennung deiner selbst und stärken die Gewissheit, dass es sich auch bei Neid anderer um Bewunderung handelt.

Planetenprinzip: SONNE

Wochentag: SONNTAG

Unterstützt Rituale bei zunehmendem Mond:

- für Aufmunterung und Trost
- für Energie, Motivation, Durchhaltewillen
- zur Stärkung der Anziehungskraft
- zur positiven Wuscherfüllung
- zur Unterstützung von Veränderungen
- zur Steigerung der Überzeugungskraft, des Selbstbewusstseins und der Ausstrahlung
- zum Erkennen der eigenen Stärken
- für geistige Klarheit und bessere Kommunikation
- zur Förderung der Lernbereitschaft und Konzentrationsfähigkeit

GRÜN

Grün ist, wie du weißt, die Farbe der Natur. Sie gleicht den Stoffwechsel aus und stärkt deine Verbindung zur Umwelt.
Planetenprinzip: VENUS
Wochentag: FREITAG
Unterstützt Rituale bei zunehmendem Mond:

- um Glück und Erfolg anzuziehen
- um materiellen Gewinn und Wohlstand zu steigern
- zur Stabilisierung und Unterstützung aller Zielsetzungen
- zur Erdung und Erneuerung
- zur Förderung der Fruchtbarkeit und des Wachstums
- für innere Ausgeglichenheit

BLAU

Blau hilft, sich mit der eigenen Spiritualität und Intuition zu verbinden, sich besser zu reflektieren und zu hinterfragen.
Planetenprinzip: JUPITER
Wochentag: DONNERSTAG
Unterstützt Rituale bei zunehmendem Mond:

- zur Förderung der Gesundheit und Heilung
- für mehr Geduld
- für besseren Kontakt zum höheren Selbst
- für Versöhnung und Verständnis
- zum Beflügeln der Kreativität und der Inspiration
- für Harmonie und inneren Frieden
- zur Stärkung von Treue, Loyalität und Zusammenhalt

VIOLETT

Violett wird oft mit der Mystik, aber auch der Heilung von Krankheiten und der spirituellen Reinigung in Verbindung gebracht.
Planetenprinzip: MERKUR
Wochentag: MITTWOCH
Unterstützt Rituale bei zunehmendem Mond:

- zur Anziehung von Gerechtigkeit und Erfolg bei Rechtsprozessen, Behörden- oder Berufsangelegenheiten
- für mehr Glück
- zum Schutz gegen Lügen, Flüche, dunkle Magie und negative Beeinflussung

PINK

Pink steht für das innere Kind und die Weiblichkeit.
Planetenprinzip: VENUS
Wochentag: FREITAG
Unterstützt Rituale bei zunehmendem Mond:

- zur Anziehung von Liebe und Partnerschaft
- zur Steigerung der Verbindlichkeit
- zur Förderung von Leidenschaft, körperlicher Anziehungskraft und Lust
- für ein harmonisches Miteinander ohne Ängste oder Bedenken
- für mehr Liebe
- bei geringer Selbstachtung
- gegen Gefühlskälte oder Entfremdung

WEISS

Die Farbe Weiß unterstützt alle Prozesse des Loslassens. Sie steht für Freiheit und Unabhängigkeit.

Planetenprinzip: MOND

Wochentag: MONTAG

Unterstützt Rituale bei zunehmendem Mond:

- für Schutz
- für Wahrheit, Klarheit, Aufrichtigkeit und Reinheit
- zur Unterstützung wichtiger Entscheidungen im Leben
- für die Stärkung der eigenen Aura
- im Kampf gegen destruktive Energien
- bei Zweifeln
- gegen energetische Unreinheiten in Körper und Seele oder Räumen

SCHWARZ

Schwarz drückt die Trauer aus, aber auch das Loslassen alter Ängste und Wut. Die Farbe Schwarz kann dich dabei unterstützen, Verbindungen zu Menschen zu lösen, die dir nicht mehr guttun.

Planetenprinzip: SATURN

Wochentag: SAMSTAG

Unterstützt Rituale bei zunehmendem Mond:

- bei allen rituellen Handlungen zur Reinigung, Trennung, Auflösung
- gegen negative Gedanken und Emotionen
- zum Bannen von Unerwünschtem
- um negative Kräfte umzukehren
- um schlechte Angewohnheiten zu bekämpfen
- zum Erkennen und Durchbrechen von Blockaden
- gegen Trauer, Pessimismus und Panik

ur Walpurgisnacht Ende April lud die Hexenschule vor ein paar Jahren zu einem großen Fest alle damaligen Schüler und Schülerinnen und Absolventen und Absolventinnen der Ausbildung sowie ihre Familien ein. Wir trafen uns am Wienfluss auf einer schönen Grünfläche. Es gab zu essen und zu trinken, einige hatten ihre Gitarren dabei und musizierten, andere quatschten in entspannter Atmosphäre, manche tanzten und sangen. Passanten blieben stehen, wollten wissen, was wir trieben. Wir luden sie ein mitzufeiern, und irgendetwas wirklich Magisches lag an diesem Abend in der Luft, denn es gab einige, die sich unserer kleinen Versammlung anschlossen. Auch der Himmel war so klar wie nur selten in der Stadt, und der Mond stand hoch am Himmel.

Irgendwann verteilten wir Zettel und baten die Leute, ihre Wünsche für das kommende Jahr darauf zu notieren. Anschließend verbrannten wir die Zettel, während wir rund um ein großes Feuer standen, ich sprach einige Worte in der alten Hexensprache, und anschließend übergaben wir die Asche dem Fluss.

Plötzlich kam eine der Hexenschülerinnen auf mich zu. Anja ist blind, verfügt jedoch über einen unglaublich ausgeprägten sechsten Sinn.

»Birgit«, sagte sie, »ich glaube, gerade ist einer der Wünsche der Anwesenden hier in Erfüllung gegangen.«

Ich sah sie lange an. »Wie kommst du darauf?«

Sie zuckte mit den Schultern. »Ich spüre es.«

Ich rief: »Hat irgendeiner das Gefühl, dass sein Wunsch bereits in Erfüllung gegangen ist?«

Eine Frau, die mit der Hexenschule bislang noch nichts zu tun gehabt hatte, löste sich aus der Menge. »Ja, ich glaube, mein Wunsch ist in Erfüllung gegangen.«

»Was hast du dir denn gewünscht, wenn ich dich das fragen darf?«

Sie lächelte unsicher. »Ich habe mir gewünscht, dass es bei mir mit der Liebe endlich klappt.«

Ich machte große Augen. »Und du hast das Gefühl, dass das jetzt funktioniert hat?«

Da stand ein Schüler der Hexenschule auf und kam strahlend auf uns zu. »Ich glaube, sie hat recht. Ich habe mir zwar etwas anderes gewünscht, aber als wir vorhin um das Feuer standen und unsere Zettel verbrannten, haben sich unsere Blicke getroffen. Ich hatte das Gefühl, als würden wir uns schon ewig kennen. Alles fiel in diesem Moment auf seinen Platz.« Er lächelte die Frau an, und sie errötete.

»Mir ging es genauso«, flüsterte sie.

Ob du es mir glaubst oder nicht: Die beiden sind bis heute ein Paar. Du siehst also, wenn du nur zulässt, dass Magie in deinem Leben wirkt, wird sie auch passieren. Verlass dich drauf.

DANKSAGUNG

Mein größter Dank gilt meiner gesamten Familie, ohne die ich die alten Bräuche niemals kennengelernt hätte. Vor allem meiner Großmutter und meinem Vater danke ich sehr. Sie haben mir das alte Wissen nicht nur beigebracht, sondern mich auch gelehrt, es wertzuschätzen und zu hüten.

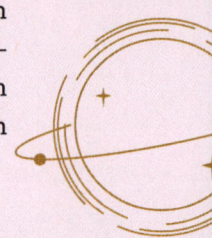

Dem Verlag Droemer Knaur und dem Team von Knaur Balance danke ich für die Unterstützung bei der Umsetzung dieses Buchprojekts. Mein besonderer Dank gilt Sabine Jaenicke und Tamara Hell – mit euch macht Büchermachen einfach Spaß!

Danke an Michaela Zelfel für ihr umsichtiges und kluges Lektorat sowie an Claudia Sanna für das wunderschöne Layout.

Lisa Bitzer danke ich dafür, dass sie trotz (oder gerade wegen?) ihrer skeptischen Neugier stets offen für Neues bleibt.

Abschließend möchte ich allen Teilnehmenden und Ausbildenden der Hexenschule Wien danken. Ich bin auch nach all den Jahren überwältigt von eurem Interesse, eurer Loyalität und eurer Energie!

AUSBILDUNG ZUR MODERNEN HEXE

(DIPL. MAGIE–BERATERIN 2.0)

Wenn du dein Hexenwissen vertiefen möchtest, bist du in der Hexenschule in Wien genau richtig. In der »Ausbildung zur modernen Hexe« lernst noch mehr über alte Hexenbräuche und -rituale, Natur- und Kräutersysteme, Tarot-Karten-Lehre, Kaffeesatz-Lesen, Kräuterwanderungen, Herstellen von Cremen und Tinkturen oder die systemische Arbeit mit dem Hexenbrett. Die weiße Magie und die Stärkung jedes einzelnen Menschen stehen dabei im Vordergrund. Wenn du im Themenkreis der Magie ein neues oder zusätzliches berufliches Standbein siehst, dann bekommst du von uns im Rahmen des Lehrgangs außerdem Unterstützung in der Kundenakquise, im Erkennen deiner Nische, sowie in der Ausübung deiner Herzenstätigkeit.

Wir freuen uns auf dich – online oder persönlich!

Infos findest du unter:

Magie, Mystik & Altes Wissen

www.hexenschule-wien.at
office@hexenschule-wien.at
Verein »Schule für alte Bräuche«

Birgit Jankovic-Steiner, MSc
Onno-Kloppgasse 11 / Top 2
1140 Wien

Birgit Jankovic-Steiner
Mit Lisa Bitzer
Der Feeling-Code
Wie Sie jedes Problem fühlen,
verstehen und loslassen können
ISBN 978-3-426-67579-3

DIE GEHEIMNISVOLLE SELBSTHILFEMETHODE, UM KÖRPER UND SEELE ZU HEILEN

Was wäre, wenn es eine Methode gäbe, mit der wir selbst körperliche wie seelische Blockaden lösen können? Wenn Probleme und Ereignisse aus der Vergangenheit aufhören würden, unsere Gegenwart zu beeinflussen? Es gibt diese Methode: den Feeling-Code. Die Wienerin Birgit Jankovic-Steiner praktiziert ihn seit Jahren und hat mit seiner Hilfe schon vielen Klienten zu mehr Wohlbefinden und Selbstbestimmung im Leben verhelfen können. Grundlage des Feeling-Codes ist die Überzeugung, dass alle Erfahrungen im Körper gespeichert werden. In ihrem Ratgeber erklärt sie Schritt für Schritt, wie wir diese Blockaden wahrnehmen und auflösen können.